✷
O céu pode *esperar*

14ª edição - Dezembro de 2023

Coordenação editorial
Ronaldo A. Sperdutti

Projeto gráfico e editoração
Juliana Mollinari

Capa
Juliana Mollinari

Imagens da capa
123RF

Assistente editorial
Ana Maria Rael Gambarini

Revisão
Alessandra Miranda de Sá
Ana Maria Rael Gambarini

Impressão
Lis Gráfica

Direitos autorais reservados. É proibida a reprodução total ou parcial, de qualquer forma ou por qualquer meio, salvo com autorização da Editora. (Lei nº 9.610, de 19 de fevereiro de 1998)

Traduções somente com autorização por escrito da Editora.

© 2023 by Boa Nova Editora.

Av. Porto Ferreira, 1031 | Parque Iracema
CEP 15809-020 | Catanduva-SP
17 3531.4444

www.**petit**.com.br | petit@petit.com.br
www.**boanova**.net | boanova@boanova.net

Dados Internacionais de Catalogação na Publicação (CIP)
(Câmara Brasileira do Livro, SP, Brasil)

```
Antônio Carlos (Espírito)
    O céu pode esperar / do espírito Antônio Carlos,
[psicografia de] Vera Lúcia Marinzeck de Carvalho. --
14. ed. -- Catanduva, SP : Petit Editora, 2023.

    ISBN 978-65-5806-054-3

    1. Obras psicografadas 2. Romance espírita
I. Carvalho, Vera Lúcia Marinzeck de. II. Título.

23-178155                                    CDD-133.93
```

Índices para catálogo sistemático:

1. Romance espírita psicografado   133.93

Tábata Alves da Silva - Bibliotecária - CRB-8/9253

Impresso no Brasil – Printed in Brazil
14-12-23-3.000-57.780

Prezado(a) leitor(a),

Caso encontre neste livro alguma parte que acredita que vai interessar ou mesmo ajudar outras pessoas e decida distribuí-la por meio da internet ou outro meio, nunca deixe de mencionar a fonte, pois assim estará preservando os direitos do autor e, consequentemente, contribuindo para uma ótima divulgação do livro.

PSICOGRAFIA DE
Vera Lúcia Marinzeck de Carvalho

DO ESPÍRITO **Antônio Carlos**

O céu pode esperar

Guiados por Jesus, os benfeitores espirituais são as vozes que esclarecem os homens e os convidam a praticar a caridade. Por toda a Terra, em todas as casas de oração onde a lei de amor prevalece, lá estão eles, nos envolvendo na sua luz. Que a paz do Senhor possa nos guiar em Sua direção, nos libertando do fanatismo e do preconceito, ervas daninhas que devemos arrancar do nosso coração em nome da fraternidade universal.

Dedicamos este livro a todos aqueles que aprenderam a amar fraternalmente.

Sumário

1 - O filho 9

2 - Outras dificuldades 23

3 - Querendo morrer 33

4 - Pagando as dívidas 43

5 - Resolvendo o problema de Isaac 55

6 - Um amigo, Josias 65

7 - A visita 75

8 - O passado 87

9 - O trabalho voluntário 99

10 - Novos amigos 115

11 - No Plano Espiritual 127

12 - A volta de Aline 135

13 - O transplante 151

14 - O céu pode esperar 165

1

O filho

Pedro chegou cansado a sua casa, sentou-se numa cadeira da cozinha e apoiou os braços na mesa. Suspirou desanimado.

— E então, Pedro, como ele está? Conversou com o Alê? — perguntou Mônica.

Pedro olhou para a esposa, que estava esquentando o jantar, ela também estava triste.

— Alexandre me pareceu como sempre — respondeu ele —, mas o doutor Édio me disse que nosso menino piora a cada dia. Conversei com nosso garoto, ou melhor, falei e Alexandre respondeu com acenos, falando pouco, estava exausto. Como me dói deixá-lo lá sozinho!

— Ele não está sozinho, Pedro, há outras crianças no mesmo quarto — falou a esposa. — Além disso, as enfermeiras cuidam bem deles e um faz companhia ao outro.

— Companhia! Todos doentes! — expressou Pedro. — Como gostaria de ser muito rico nessa hora para dar tudo ao meu filho.

— Lembro a você de que milionário morre também. A esposa de seu patrão não faleceu no mês passado com câncer? Fazemos o que podemos pelo nosso filho. Temos sido bons pais. Você vai ao hospital todos os dias. E sua aposentadoria saiu?

Mônica mudou de assunto. Pedro olhou para a esposa. Ela aceitava melhor a situação.

— Acho que mais uns dez dias vou me aposentar — respondeu Pedro. — Seria tão bom se Alexandre estivesse aqui conosco, eu teria mais tempo para ele. Maurinho vai ter alta amanhã.

— Aquele coleguinha do Alê que tem olhos verdes? — perguntou Mônica.

— Esse mesmo, Alexandre vai sentir falta dele — Pedro comentou triste e suspirou.

— Pedro — Mônica falou em tom carinhoso —, estamos todos sofrendo com a doença do nosso filho, mas você exagera. Só conversa sobre isso. Você ultimamente sai de casa somente para ir ao trabalho e ao hospital. Até quando não é horário de visitas, consegue ficar com Alê. Você precisa cuidar de si também e de nossa filha. Aline sente sua falta.

— Aline está saudável como você e eu, Alexandre não. Por que, Mônica, não posso sofrer no lugar dele? Por que Deus não me deixou ficar enfermo em vez dele? Não consigo mais vê-lo tomando injeções. Estamos sofrendo, Mônica, mas nosso filhinho sofre mais.

— Será, Pedro? — questionou Mônica. — Você tem estado tão agoniado que acho que tem padecido mais do que ele. Eu também amo nossos filhos; se pudesse, sofreria no lugar dele, mas ninguém sofre no lugar do outro. Acredito que cada um tem de passar por suas dificuldades.

— Você chama de dificuldades o que Alexandre passa? — Pedro indagou indignado. — Nosso menino sente dores insuportáveis, solidão, medo, talvez chora sozinho e...

— Para, Pedro! — pediu Mônica. — Não fale assim! Você já perguntou ao Alê se ele se sente como você está pensando? Pelo modo como fala, parece que abandonamos nosso filho. No horário de visitas, Aline e eu temos ido todos os dias e conosco vão tias, avós, primos e amigos dele. E você fica com ele por muitas horas. Nosso filho não sente medo nem chora sozinho. Coma! Tome a sopa, que está quente!

Mônica colocou um prato com a sopa na frente de Pedro e afastou-se.

"Talvez", pensou Pedro, "não tenho mesmo dado atenção para mais ninguém. Mas Alexandre está em primeiro lugar. É meu filho!".

E ficou pensando, enquanto colocava as colheradas de sopa na boca.

Estava casado havia dezessete anos. Não formavam, ele e Mônica, um casal perfeito, mas achava que se davam bem. Tiveram dois filhos: Aline, que estava com dezesseis anos, e Alexandre, com onze anos e que estava doente, com câncer nos pulmões. Até achava que a esposa tinha razão. Desde que o filho adoeceu, a vida deles mudara.

Lembrava com detalhes do dia em que seu menino sentiu-se cansado ao dar uma volta de bicicleta no quarteirão, queixou-se de dores nas costas e disse que às vezes sentia dificuldades para respirar. Mônica levou-o ao pediatra dele, que pediu muitos exames. Acharam que o médico exagerara, mas o levaram para fazer os exames, e o diagnóstico os apavorou. Muitos outros profissionais foram consultados e optaram pelo que julgaram ser o melhor tratamento. Alexandre então passava períodos em casa e outros no hospital. Agora sabiam que ele não retornaria mais ao lar.

"Não vou parar de trabalhar", pensou Pedro, "não agora com quarenta e quatro anos, muito novo, mas tenho tempo de serviço, comecei a trabalhar muito jovem. E, com Alexandre enfermo, optei pela aposentadoria para poder cuidar dele".

Com a doença do filho, Pedro mudou sua rotina: ia para a fábrica às cinco horas e fazia meia hora de almoço. Fora sempre um ótimo funcionário, e todos os colegas sabiam da dificuldade por que passava e o ajudavam. Fazia isso para poder sair mais cedo e ir ao hospital e lá ficava até as vinte horas. Depois ia para casa, jantava, tomava um banho e ia dormir. Trabalhava também aos sábados para melhorar seu ordenado com as horas extras. E, aos domingos, passava o dia todo no hospital. Para entrar fora do horário de visita, fez amizades e agia como voluntário, ajudando na enfermaria em que o filho estava.

Acabou de jantar e foi dormir, pois estava muito cansado.

O céu pode esperar

O dia seguinte transcorreu como os outros, mas, quando Pedro chegou ao hospital, mudou sua fisionomia, arrumou a roupa, o cabelo, sorriu, atravessou os corredores cumprimentando a todos e, quando encontrava com um doente, parava e perguntava-lhe como estava; escutava a resposta com atenção, acalentava e animava-o com carinho:

— Tenha paciência!
— Você vai melhorar!
— É assim mesmo!
— Confie em Deus!

Chegou à enfermaria em que seu filho estava. Aproximou-se sorrindo. Alexandre sorriu, seus olhinhos brilhavam. Depois de beijá-lo, foi até os outros, rindo, conversando, contou a todos um fato engraçado ocorrido no ônibus. Viu desenhos, ajeitou lençóis, voltou para perto do filho. Lembrou-se do que Mônica lhe dissera: que o filho não se sentia sozinho. Quis saber dele e indagou-lhe:

— Alexandre, você se sente sozinho quando não tem visitas?
— Sozinho? — falou Marquinho rindo, respondendo por Alexandre. — Aqui neste quarto com nós sete? Eu não me sinto!
— Fazemos companhia um ao outro. Quando um de nós chora, os outros consolam e o tempo vai passando — opinou César.
— Prefiro ficar aqui a ficar num quarto sozinho. Quando vou para casa, sinto falta dessa turma — falou Maurinho.

Pedro olhou com carinho para aquelas crianças enfermas, eram todos garotos com idade entre nove e treze anos, doentes, com câncer.

— E você, Pedrão, azedo como limão, sente-se sozinho?

— Não! — respondeu Pedro.

Pedro fez um carinho em Marquinho, o menino que lhe dirigira a pergunta. Ele tinha câncer nos ossos, era um negro bonito; mesmo enfermo, era alegre e seu sorriso, cativante.

Voltou para perto do filho, olhou esperando que lhe respondesse. Alexandre estava ofegante, deitado sem ânimo para sentar-se. Respondeu esforçando-se para superar as dificuldades que estava tendo para falar.

— Papai, não me sinto sozinho, não tenho medo, à noite, aquela luzinha na parede fica acesa. Depois, vocês vêm todos os dias me ver. Não preciso de nada, se é isso que o senhor quer saber.

— Mas sente dores, toma tantas injeções... — lamentou baixinho o pai.

— Todos que ficam doentes também tomam injeções — falou Alexandre. — E esse tratamento terá fim. Voltarei a ser sadio, nem que seja lá no céu. Sabe, papai, que no céu não há injeções? Estou querendo ir para lá.

— Não fale assim. Você vai melhorar e voltará para casa. Quem lhe falou isso? — Pedro perguntou curioso.

— O doutor Édio — respondeu Marquinho. — Ele é muito bom, consola-nos. Diz sempre que Deus é Pai Amoroso e que nos ama, que não devemos ter medo de nada e com certeza se morrermos iremos para o céu.

— Mas isso é coisa de um médico falar? — Pedro falou espantado.

— Ele falou porque perguntamos — disse Marquinho defendendo o médico.

Pedro também admirava o médico citado. Além de ele ser competente, era educado, simples, calmo, tratava as crianças com muito carinho e elas o amavam.

— Por que não gosta de falar de morte, papai? — perguntou Alexandre. — Todos que nascem morrem. Acredito que continuamos a viver lá no céu. E, se eu morrer primeiro que o senhor, lá do paraíso vou ficar olhando-o.

— Vigiando? Será que isso é possível? — perguntou César.

— Vigiando, sim — respondeu Alexandre. — Deus não separa quem se ama. Tenho certeza de que poderei velar pelo meu pai. E isso o impedirá de fazer algo errado.

— Vamos mudar de assunto? Vamos cantar? — sugeriu Pedro mudando o rumo da conversa.

A guitarra de Alexandre estava em cima de uma cômoda, Pedro pegou-a e deu para César tocar. Fazia dias que Alexandre não conseguia pegá-la. Cantaram com alegria ao som da guitarra.

Pedro brincou com as crianças, conversou com elas, dando-lhes atenção. No horário de ir embora, despediu-se dos meninos com um beijo e beijou o filho muitas vezes.

— Que Deus o abençoe, filhinho!

Alexandre sorriu, sua respiração estava ofegante. Pedro sorriu.

— Até amanhã, meu menino! Durma bem!

Quando saiu do hospital, sua fisionomia mudou de alegre para cansado e triste.

No domingo, ao chegar à portaria do hospital, recebeu o recado de que o doutor Édio queria falar com ele e que devia procurá-lo na sala três. Pedro encaminhou-se para lá. O médico o esperava. Após os cumprimentos, foi direto ao assunto.

— Senhor Pedro, Alexandre está em fase terminal. Sinto ter de lhe dizer, mas o senhor sabia que isso ia acontecer, como também tem conhecimento de que, quando o enfermo piora, é transferido. Vamos ter de fazer isso com Alexandre.

Pedro tinha conhecimento dessa providência. Já tinha visto dois garotos serem transferidos para outra ala do hospital. Para não assustar os outros companheiros, os doentes terminais ficavam em quartos separados. Pedro sentiu um nó na garganta, tonteou e o médico amparou-o.

— Senhor Pedro, tente ser forte, o senhor tem sido um exemplo para os outros pais, é dedicado, tem nos ajudado. Não deve ficar assim. Recomponha-se e venha conosco levar Alexandre para outro quarto.

— Meu filho vai morrer... — queixou-se Pedro com voz lastimosa.

— Quem não vai? — perguntou o médico. — Pensa que não sinto? No começo, quando me formei, achava que perdia a batalha para a morte, até que compreendi que é somente o corpo de carne e osso que morre. Temos alma, e esta sobrevive. Continuamos a viver! Por favor, senhor Pedro, não fique assim tão triste e desanimado. Se todos os pais fossem como o senhor, o mundo com certeza seria melhor.

— Queria ter ficado doente no lugar dele.

— Para sofrer menos, porque acho que sofre mais que seu filho — concluiu o doutor Édio. — Tudo o que acontece conosco tem causa; doença é uma forma de aprender a dar valor à saúde ou até mesmo para a alma tornar-se leve e subir ao céu quando o corpo físico morrer.

— O senhor acredita nisso mesmo? — perguntou Pedro.

— Sim, acredito! — afirmou o médico. — Somos alma e corpo. Quando esse corpo morre, a alma se desprende e poderá ir para muitos lugares, e nossas crianças somente poderão ir para um local belíssimo. Creio nisso! Tenho fé e esperança, senão, senhor Pedro, não conseguiria ser útil aqui.

— Não é injustiça os bons morrerem e os maus ficarem? — Pedro indagou.

Uma funcionária que limpava a sala intrometeu-se na conversa e opinou:

— Deus quer também os bons junto Dele!

O doutor Édio esboçou um leve sorriso e respondeu falando carinhosamente:

— Deus está em todos os lugares e não num específico. Pessoas bondosas e que compreendem as verdades divinas sentem Deus dentro de si, em todos e em tudo. Aqui, neste plano em que vivemos, há seres bons e os que ainda não despertaram para a necessidade de serem úteis no bem. Deus ama a todos, tanto os que estão tentando se tornar melhores quanto os que julgamos ser maus. A mesma resposta pode-se dar para a questão sobre por que uns falecem jovens e outros velhos. Creio que é pela necessidade de cada um, de cada alma. Às vezes, por ver somente o presente, julgamo-nos infelizes ou que recebemos injustiças. Mas a vida é passado, presente e futuro. Do passado esquecemos, e como deve ser cheio de lembranças! O futuro será o que construirmos no presente. Viver aqui e depois ter este corpo morto e viver lá, no além, são fases da vida. É uma lei natural, e para todos!

— Meu filho tinha tantos sonhos! E eu, tantas esperanças em vê-lo formado como o senhor! — lamentou Pedro de novo.

— Esperanças de que ele seria importante? — perguntou o médico. — Mesmo que Alexandre morresse velho, aos oitenta anos, sua passagem por aqui não seria passageira? Por que, senhor Pedro, acha que tudo acabou para seu filho? Se a vida continua, ele poderá ser útil do outro lado.

— No céu? — indagou Pedro.

— Num lugar onde pessoas boas continuam a viver. Eu acredito nessa sobrevivência onde há trabalhos, estudos e oportunidades. Vamos agora ver Alexandre.

Os dois atravessaram corredores e, ao entrar no quarto dos meninos, eles sorriram. Uns se sentaram, outros se levantaram dos leitos.

— Bom dia, garotada! — cumprimentou o doutor Édio em tom alto. — Como estão passando esses garotos lindos? Como é, vão responder ou vou ter de fazer cócegas?

— Bom dia! — responderam alguns também falando alto.

Outros responderam:

— Quero cócegas!

— Somente respondo depois do beijo!

— Olá, Pedrão, cara de pão!

— Meninos — disse o doutor Édio —, Alexandre irá fazer uns exames, vamos levá-lo e depois o safadinho vai para um quarto onde tem um aparelho novo que o ajudará a respirar melhor. Por isso, ficará longe de vocês por uns dias. Vamos, Alexandre, meu príncipe, para os exames. Prometo a você que não tomará injeções. Entrará dentro de uma máquina e veremos seus ossos. Vamos ver se tem esqueleto ou salsicha segurando as carnes.

A garotada riu, Alexandre mesmo com dificuldades sorriu. Doutor Édio pegou-o no colo; uma enfermeira o ajudou e o colocaram na maca. Alexandre fez um tchau com a mão despedindo-se dos companheiros. Um garoto puxou a calça de Pedro e indagou:

— Alexandre vai morrer?
— Claro que não, Luís Mário, ele voltará!
— Senhor Pedro, venha depois ficar um pouquinho conosco, cantar com a gente — pediu Marquinho.
— Venho!

Alexandre foi instalado em outro quarto, pequeno com dois leitos. Doutor Édio fez um sinal para Pedro e os dois foram para o corredor.

— Converse com ele, senhor Pedro. Logo mais vamos sedá-lo e colocar aparelhos para que respire melhor. Talvez ele não consiga falar mais.

Pedro não sabia onde conseguir forças para se aproximar do filho, que o olhava sorrindo. Falou com calma segurando a mãozinha esquerda do menino pois a outra estava com soro.

— Alexandre, você se sentirá melhor aqui, meu filho. Estarei com você.

— Papai, não fique preocupado. Acho que quero morrer. Não é errado querer morrer. Pecado é se matar. Sonhei de novo que me matei e que por isso estou morrendo assim. Não quero, paizinho, que o senhor se mate. Vou ser feliz quando morrer. Vou sim!

— Você vai ser feliz, meu filho!

Alexandre, depois do medicamento, dormiu. Seu corpo parecia agitado; sua respiração, ofegante, mas seu semblante estava tranquilo. Pedro ficou ali, de pé ao lado do leito olhando para o filho. Ele já tinha falado muitas vezes desse estranho sonho. Ninguém compreendia. Alexandre sonhava que era sadio, forte e se suicidava. Morria afogado. E, sempre que contava o sonho, dizia que estava doente por esse motivo.

"Mas como?", pensou Pedro. "Como Alexandre se matou, se é um menino doente e luta para viver? Teria isso ocorrido em outra vida? Será mesmo que vivemos outras vezes em outros corpos na Terra? Esses sonhos são muito estranhos!"

No horário de visita, Mônica e Aline chegaram e o abraçaram.

— Não sabíamos que tinham transferido o Alê — disse Mônica. — Fomos ao outro quarto, os garotos nos contaram e pediram para lhe dar um recado: para que você passe depois lá para cantar com eles. Uma enfermeira explicou-nos o porquê de ele vir para cá e nos mostrou o quarto.

Mônica beijou o filho na testa e enxugou o rosto. Lágrimas corriam abundantes.

"Ela consegue chorar, tem a bênção desse alívio, eu não consigo chorar", pensou Pedro.

— Papai, trouxe-lhe este sanduíche. Coma, por favor! — pediu Aline.

A filha o fez sentar e comer.

— Vamos ficar aqui com Alê. Vá ao quarto dos garotos, eles o estão esperando — pediu Aline.

Pedro foi. Muitos dos garotos estavam recebendo visitas; conversou com aqueles que estavam sozinhos, tentando transparecer uma alegria que não sentia e, como sempre fazia, viu desenhos, brincou e até cantou junto com os meninos para as visitas escutarem.

Voltou para perto do filho quando o horário de visitas acabou, para que ele não ficasse sozinho, pois Mônica e Aline tiveram de ir embora.

O outro leito foi ocupado por um jovem. Conversou com ele, tinha quinze anos, a família morava longe e ele estava ali para um tratamento melhor. Pedro segurou sua mão enquanto era medicado. Também foi sedado, pois estava com muitas dores e em estado terminal.

Pedro sentou-se no meio dos dois leitos e orou, pedindo proteção para os dois e forças para ele. Não tinha o que fazer, mas era um consolo ficar ao lado do filho. Somente foi embora às vinte horas, quando a enfermeira pediu-lhe que fosse descansar.

Na quarta-feira, ao ir trabalhar, recebeu a notícia de que tinha sido aposentado. Os companheiros o cumprimentaram.

— Pena que não podemos fazer uma festa para você.
— Não se esqueça de nós!
— Venha nos ver.
— Quando seu filho sarar, vamos comemorar!

Na quinta-feira, foi cedinho para o hospital, levou um lanche e ficou no quarto do filho. Depois de um tempo foi à enfermaria. Os garotos alegraram-se em vê-lo e ele lhes disse que Alexandre estava melhor.

Alexandre não acordou mais. Pedro observava-o; o filho estava tão diferente... a doença modificara seu corpinho, a palidez tirara do seu rosto a vivacidade de sua tez negra. Pedro era negro; Mônica, morena. Aline nasceu parda e Alexandre puxara a ele, um negrinho lindo. Beijava-o, falava-lhe baixinho frases carinhosas. O filho não dava sinal de que ouvia ou sentia algo, pois estava em coma.

2

Outras dificuldades

No sábado cedo, quando Pedro chegou ao hospital, a atendente da portaria o cumprimentou sorrindo. Ele a conhecia, chamava-se Cida, às vezes conversavam, ele escutava suas queixas, ela era deficiente física, tivera paralisia infantil e tinha dificuldades para andar e para se relacionar com outras pessoas. Desta vez, ela somente lhe deu o recado:

— Senhor Pedro, o doutor Édio pediu para que fosse à enfermaria antes de ir para o quarto de Alexandre.

Era a enfermaria em que seu filho estivera. Rumou para lá. Os meninos estavam acordados. Muitos deles não tinham dormido a noite toda. Bastava um deles receber medicamento à noite para os outros acordarem. O desjejum estava sendo servido. Os garotos, ao verem Pedro, sorriram cumprimentando-o.

— Como vocês estão passando? — questionou Pedro.

Foram muitas as respostas e algumas queixas que Pedro ouviu e comentou com palavras de incentivo.

— Pedro, venha cá um momento — pediu Marquinho. — Quero lhe contar um sonho que tive agora de manhã.

— Como sabe que foi de manhã? — Pedro perguntou sentando-se ao lado do leito dele.

— É porque a enfermeira Mara me deu um remédio às seis horas e depois dormi e sonhei. Foi com Alê. No sonho, ele entrou aqui, estava de roupa, não de pijama. Vestia uma camisa de manga comprida azul. Estava muito bonito, corado e mais gordo. Entrou no quarto, sorriu e deu um tchau com a mão e, como viu que eu o tinha visto, me mandou um beijo e foi embora. Engraçado que ele não pisava no chão, estava andando no ar. Na porta, havia duas pessoas de aspecto bondoso esperando por ele. Se eu o vi sadio, é um bom sinal, não é?

— Deve ser sim, Marquinho! Foi um belo sonho!

Pedro sentiu um aperto no peito, despediu-se dos garotos e foi rápido para o quarto do filho. No corredor, antes de entrar no quarto, uma enfermeira o chamou:

— Senhor Pedro, por favor!

— Que foi? Alexandre piorou? — perguntou aflito.

— Creio que não piorou, certamente agora ele ficará bem — respondeu a enfermeira.

— Ele morreu? — indagou Pedro encostando-se à parede.

O céu pode esperar

— Alexandre descansou, agora com certeza não sofre mais. Seu filho faleceu às sete horas. Pedimos para que passasse na enfermaria antes para que pudéssemos desligar os aparelhos. Telefonamos para sua irmã e para o telefone de recados. Quer vê-lo? Logo o encaminharemos ao serviço funerário.

Pedro agradeceu e entrou no quarto. Viu Alexandre deitado no leito sem o soro, sem os aparelhos. Seu filhinho estava tranquilo, nos seus lábios um leve sorriso. Beijou-o.

— Que Deus o abençoe, meu filho!

Olhou para o garoto do leito ao lado, que estava em coma e talvez falecesse logo também.

Chorou baixinho. Sentiu-se abraçado, olhou e viu sua irmã Nilza.

— Pedro, forças, meu irmão! Passei na sua casa, Waldemar do bar já havia dado a notícia a Mônica. Trouxe a roupa para vestir em Alê. Veja se gosta.

Pedro olhou, viu a camisa azul e lembrou do sonho do Marquinho.

— A camisa que ele ganhou de aniversário do nosso irmão Jonas, que era seu padrinho. Está bem, acho que era com essa roupa que ele queria ser enterrado. Obrigado!

— Pedro, meu marido foi à funerária e depois irá ao cemitério. Enterraremos Alexandre no túmulo de nossos pais. Concorda?

— Sim, concordo. Não sei nem como agradecer a você e ao Oscar. Nilza, você tem um bom marido. Mas não tenho dinheiro e...

— Pedro, telefonei para Jonas. Ele não poderá vir, é muito longe e não chegará a tempo para o enterro. Ele me pediu para pagar tudo, que mandará o dinheiro. Não se preocupe, nosso irmão tem condições para isso. Mandou também que eu os abraçasse por ele.

Ficaram abraçados. Minutos depois, vieram buscar o corpo de Alexandre.

— Vamos, Pedro, vou acompanhá-lo até sua casa para que troque de roupa e irmos ao velório — pediu Nilza.

Pedro acompanhou a irmã como um autômato. Em casa, Mônica e Aline o abraçaram, choraram os três unidos. Vizinhos vieram oferecendo ajuda. Trocaram de roupas, fecharam a casa e foram com Nilza para o velório. Esperaram trinta minutos, e o corpo de Alexandre chegou. Muitas flores enfeitavam o ambiente.

— Alê está sorrindo! — exclamou Mônica.

— Parece feliz! — comentou Aline.

— Acho que ele foi para o céu, como queria! Vejo nesse caixão somente um corpinho sem vida — observou Pedro.

A sensação que Pedro tinha era de que estava anestesiado. Sentia como se fosse duas pessoas: uma, que estava desesperada; outra, calma diante do inevitável. Gostou de receber cumprimentos e abraços dos amigos, que lhe deram força e ânimo.

Pedro ficou no velório o tempo todo perto do caixão. Viu que o namoradinho de Aline permaneceu ao lado dela todo atencioso. Gostava de Zé Carlos, seu genrinho. Notou também que Mônica quase não ficou ao seu lado e que Arnaldo, um comerciante do bairro, estava muito ao lado dela.

Seu outro irmão, que morava numa cidade próxima, chegou, mas Jonas não veio, pois residia longe, em outro estado. Os parentes choraram, todos sentiram o falecimento de Alexandre.

Dona Jandira, uma vizinha de quem todos falavam que tinha uma religião que falava com os mortos, seguidora do candomblé, aproximou-se de Pedro, puxou-o pelo braço, fê-lo sentar e ofereceu-lhe uma xícara de café.

— Obrigado! — expressou Pedro agradecido.

O café quente e forte lhe fez bem.

— Pedro — disse dona Jandira —, veja nesse caixão somente um corpo cuja alma imigrou. Ali está uma veste do espírito, uma vestimenta querida, mas que não é a pessoa. Somos espíritos e vivemos aqui e na espiritualidade. Não perdemos pessoas que amamos. Alexandre não os abandonou, agora, livre, continuará vivendo no Além e bem melhor que aqui. E, quando nossos afetos vivem melhor, devemos achar bom.

— Obrigado! — agradeceu Pedro.

Pedro olhou-a atentamente enquanto ela falava, não compreendeu direito o que a vizinha disse, mas sentiu-se confortado. De uma coisa ele tinha certeza: seu filho estava bem, não havia por que não estar... um menino que não pecou, que morreu após meses de sofrimento. Deu a xícara vazia para dona Jandira, levantou-se e foi para perto do caixão. E teve uma sensação de que ali estava somente uma veste, que seu Alexandre, o espírito que amava, encontrava-se em outro local, no céu, com certeza.

Nilza e Oscar, seu marido, cuidaram de tudo e resolveram, embora tendo consultado Pedro e Mônica, que o enterro seria naquele dia mesmo, à tardinha. Era verão, o dia estava mais longo e marcaram o sepultamento para as dezoito e trinta.

O padre da igreja que Mônica frequentava foi orar e consolá-los. Fez uma leitura do Evangelho e uma bela oração pedindo a Deus que acolhesse Alexandre no seu reino e que amparasse a família enlutada. Sentiram-se muito confortados com a presença do padre principalmente Mônica, que era muito católica. O vigário abraçou-os e disse a Pedro:

— Senhor Pedro, sei de sua dedicação ao seu filho, agora que ele se foi, o senhor terá tempo e quero vê-lo na igreja.

— O senhor acha que Alexandre está no céu? — perguntou Pedro.

— Com certeza. Alexandre é merecedor dessa dádiva.

Pedro quis indagar mais, porém havia muitas pessoas aglomeradas e estava na hora da despedida. Mônica chorou muito, Pedro abraçou Aline e os dois choraram baixinho.

Ficaram ali perto do túmulo até que o coveiro acabou seu trabalho. Nilza os puxou e os levou para casa. Ela tinha de retornar ao seu lar, despediu-se e os três ficaram sozinhos. Aline abraçou o pai e falou carinhosamente:

— Papai, o doutor Édio me deu um remédio para dar ao senhor. Tome um banho demorado enquanto mamãe e eu preparamos algo para comermos; depois tomará o remédio e irá dormir.

Pedro fez o que a filha pediu.

— Você quer dormir no nosso quarto ou no do Alê? — perguntou Mônica.

— Por quê? — Pedro perguntou olhando a esposa.

— Você deve descansar, Pedro, não vou deitar agora e não quero incomodá-lo.

— Vou dormir no quarto do Alexandre.

Mônica foi rápido arrumar a cama, Pedro deitou-se e dormiu. Acordou, levantou-se, foi à cozinha onde Mônica, Aline e Nilza estavam conversando baixinho.

O céu pode esperar

— Até que enfim acordou! — exclamou a irmã. — Dormiu dezesseis horas. Está melhor?

— Obrigado, minha irmã, estou bem — respondeu Pedro. — Que bom acordar e encontrá-la aqui.

Almoçaram em silêncio.

— Estou um pouco perdido, não sei o que fazer. Aposentado, não vou mais à fábrica e agora nem ao hospital — queixou-se.

— Logo você se acostuma. É novo e deve arrumar algo para fazer — opinou Mônica.

Receberam visitas: de parentes, de vizinhos e amigos. Pedro contou inúmeras vezes como foi o tratamento, os dias de Alexandre no hospital e o falecimento.

Ele não achava que essas visitas eram necessárias sempre que uma família estava enlutada com a morte de um ente querido, mas mudou de opinião. Foram consoladoras, e lhe fez muito bem falar, pois suavizou sua dor.

À noite, novamente tomou o remédio e dormiu no quarto do filho, gostou de estar ali no local onde o seu menino dormia.

No outro dia, foi a mesma coisa: visitas e conversas. Mas no terceiro dia, após o jantar, Mônica falou:

— Pedro, Aline e eu necessitamos conversar com você.

Ele as olhou, as duas estavam sérias. Ficaram em silêncio por instantes. Mônica suspirou, estava se esforçando para falar.

"Deve ser sério! Não sabe como começar", pensou Pedro.

— Pedro — continuou Mônica a falar —, Aline está grávida!

— Grávida?! Mas ela é uma criança! — exclamou ele.

— Não é, tanto que engravidou. Está no quinto mês. Você não reparou nela, a barriga já aparece.

— Você sabia? — perguntou Pedro.

— Sim, não tivemos coragem de lhe falar, você não prestava mais atenção em nada. Não o estou criticando, foi bom pai para Alê.

— O senhor ficou aborrecido, paizinho? Não tive intenção de magoá-los — Aline tentou explicar de cabeça baixa.

— Aline — falou Mônica —, você sabe que me aborreci mais por você. Tem somente dezesseis anos, é uma adolescente que deveria pensar em estudar, passear e se divertir. Depois, Zé Carlos é jovem também e trabalha com o padrasto, que acho antipático. Vão morar numa casinha nos fundos da casa de sua sogra. Belo começo de vida! Não acho ruim por mim, entristeço-me por você!

Aline chorou, Pedro a abraçou consolando-a e disse carinhosamente:

— Filhinha, desculpe-me se você estava com problemas e eu nem notei. Amo muito você também! Sua mãe está certa, mas agora já aconteceu. O nenê está vindo e você será uma boa mãe e a mais linda mamãe do mundo! O que você planeja fazer?

Foi Mônica quem respondeu:

— Se você concordar, ela irá embora hoje para a casa de Zé Carlos, os dois vão arrumar os cômodos do fundo da casa de Luzia, a mãe dele, e morarão lá. Por enquanto não vão se casar.

— O senhor concorda? — perguntou Aline.

— Claro, filha! Faça o que achar melhor.

— Zé Carlos virá logo me buscar e irei com ele. É melhor assim, papai. A vizinhança está comentando.

— Bem — concluiu Pedro —, foi uma surpresa. Um foi e outro vem! Esse nenê nos trará alegrias!

— Tenho outra notícia para você, Pedro — informou Mônica, séria. — Talvez seja pior que a gravidez de Aline.

O céu pode esperar

— Mônica, a da Aline não foi ruim. Fale logo, o que foi que aconteceu ou acontece que não sei? — Pediu Pedro.

— Pedro — murmurou Mônica devagar olhando-o —, há tempo não estamos vivendo bem. É que... apaixonei-me por outro homem e quero viver com ele!

— Mamãe, é isso mesmo o que quer? A senhora tem certeza? — perguntou Aline.

Mônica afirmou com a cabeça. Silenciaram. Nenhum dos três se atreveu a falar. Depois de segundos, que pareceram horas, Pedro, que continuava a olhá-la, conseguiu falar:

— Arnaldo?

— Sim — respondeu ela. — Arnaldo e eu temos nos encontrado. Ele me deu forças nesse período difícil. Nós nos amamos. Não lhe contei antes porque Alê estava doente e você estava tão aflito que não tive coragem. Agora não tem mais por que esconder, todos por aqui já sabem e Arnaldo quer que eu vá viver com ele. Perdoe-me, Pedro, aconteceu!

— Você também está indo embora? Hoje?

— Sim, já tenho tudo arrumado, vou levar somente minhas roupas. Fique aqui na casa.

— Sozinho?! — Pedro perguntou baixinho.

Zé Carlos chegou e Aline fez um sinal para ele de que já havia contado. Cumprimentaram-se.

— Vamos, Zé Carlos, estou pronta! Papai, virei buscar o resto de minhas coisas depois, telefonarei avisando dia e hora.

Beijou os pais e saiu.

— Também já vou. Já arrumei tudo o que acho que vou precisar. Tchau, Pedro!

Mônica saiu. Pedro ficou ali na cozinha.

Teve vontade de chorar, mas não conseguiu.

— Acho que não tenho mais lágrimas — lamentou sentido.

Levantou-se e andou pela casa, fechou as janelas, o portão, a porta da frente.

"É melhor que pensem que não tem ninguém em casa, não quero visitas!"

Não queria falar nem escutar comentários sobre a gravidez da filha nem que a esposa o traía e que fora embora de casa. Certamente, mesmo que as pessoas não falassem, pensariam: perdeu o filho, a filha engravidou e a esposa infiel o abandonou.

Voltou à cozinha, lavou as louças.

"Como não percebi a gravidez de Aline e que Mônica estava apaixonada por outro? Esperaram Alexandre morrer para irem viver juntos", pensou ele indignado.

Foi à sala ligar a televisão, mas não conseguiu entender nada. Resolveu dormir, e foi para o quarto do filho.

"Estou sozinho!", lastimou-se. "Como dói a solidão e como sinto falta do meu filho."

No lugar em que ficavam os remédios, Pedro encontrou o que o doutor Édio lhe deu para que dormisse. Tinha somente um comprimido. Arrumou-se para dormir, eram vinte horas, tomou o remédio.

Queria esquecer tantas notícias ruins.

3

Querendo morrer

Pedro acordou às cinco horas da manhã. Aos poucos, foi se recordando de tudo: da gravidez da filha e de sua mudança para a casa do namorado, que Mônica o abandonara e que estava sozinho.

— Que faço da vida? Nem para o trabalho posso voltar, pois me aposentei!

Ficou algum tempo acordado na cama, pensou muito e concluiu:

— Quero morrer!

Mas Pedro temia matar a si mesmo! Lembrou-se de Alexandre e dos sonhos dele. O filho sonhara muitas vezes que havia se suicidado e que por esse motivo iria morrer jovem e sofrer com a doença. E o sonho dele se realizou. Por quê? Que mistério era esse? Por que o filho sonhava com esse fato? Por que aconteceu como no sonho dele? Perguntas sem respostas.

— Alexandre! — murmurou Pedro. — Que saudades! Que vontade de vê-lo sorrindo para mim. Prometi! Sei que fiz a promessa mais de uma vez. E vou cumpri-la!

Recordou-se de uma das conversas com o filho, quando ainda não estava doente e depois de ter contado seu sonho estranho. Alexandre lhe falou com seu jeito meigo:

"'Paizinho, não devemos matar nosso corpo. Eu somente quero morrer quando Deus me chamar. É assim que deve ser. Matar um ser vivo é pecado grave que causa muito sofrimento. Suicídio é homicídio! Prometa, meu pai, que o senhor nunca se matará.'

'Claro que prometo', respondeu ele. 'Não quero morrer e, mesmo se um dia quiser, não me matarei.'"

O filho sabia que o pai cumpriria sua palavra. E Pedro teve a sensação de que seu menino ficara mais tranquilo com sua promessa.

— Prometi e está prometido! — falou Pedro, alto. — Quero morrer mas não quero me suicidar. Que farei, então? É pensando que acharei a solução. Tempo é que não me falta!

"Morrer!", pensou. "Que mistério é a morte! Não acabamos, disso tenho certeza. As religiões deveriam nos explicar melhor em vez de nos mandar acreditar. Há religiões que explicam! Acho que deveria ter procurado uma doutrina que me fizesse compreender esse grande mistério que é a vida além-túmulo.

Mas agora não tenho por que procurar, vou saber pessoalmente como é, já que vou logo para o outro lado."

— Morte! — exclamou suspirando. — Eu a quero! Por que não me leva? Muitos não a querem e você, má, leva-os. Eu a quero! Seja caridosa e me leve para perto do meu filho!

Riu e continuou a falar:

— Acho que estou louco! Não, não estou! Sofro, somente! Falo com a morte como se ela fosse um ser, mas ela não é! A morte é a falência do corpo de carne, algo que acontece e ele para suas funções, seja por doença ou por acidente. Alexandre, embora jovem, tinha ideias de um adulto. Matar deve ser mesmo um pecado grave, de consequências dolorosas. Assassinar uma pessoa é destruir o corpo físico que esse ser usava para viver aqui. Matar a si mesmo é destruir a oportunidade que Deus concede. Está decidido! Vou procurar um jeito de morrer. Se planejar bem, enganarei a morte. Ela terá de me levar sem ter escolha. E ninguém poderá dizer que me suicidei, porque não farei esse ato de covardia. Morrerei e de preferência como herói.

Mais animado com sua decisão, levantou-se, fez o café e por horas ficou andando pela casa, de lá para cá e de cá para lá. Abriu os armários para logo em seguida fechá-los; ligou o rádio, a televisão... nada estava bom. Tirou comida da geladeira, esquentou e almoçou.

"Ninguém", pensou, "sentirá muito a minha morte. Aline tem Zé Carlos e logo o filhinho; Mônica tem um novo marido; meus outros familiares e os amigos também não sentirão minha falta. Não devo nem chorar pelo Alexandre nem sentir a falta dele, pois logo estaremos juntos."

Vera Lúcia Marinzeck de Carvalho do espírito **Antônio Carlos**

À tarde, acabou prestando atenção ao noticiário local, o locutor falava do risco que corriam os moradores de um bairro cujas casinhas e barracos ficavam na encosta de um morro que estava em área de risco. Prevendo chuvas, os moradores estavam com medo.

Pedro foi ao quintal, olhou para o céu, nuvens escuras anunciavam que uma tempestade logo viria.

— Vou para o morro onde as casas estão ameaçadas — falou ele baixinho. — Vou ajudar aqueles moradores; se houver desabamento, estarei à frente. Bela forma de morrer! E, com certeza, morrerei! Se muitos que não querem morrem nesses acidentes, eu, que quero, morrerei, e como herói. Salvarei pessoas que querem viver. É isso! Vou para lá!

Pedro pegou dinheiro para a condução, fechou a casa e foi para o ponto de ônibus. Mas, para chegar ao bairro distante, teve de pegar duas conduções, e a chuva começou forte. Quando chegou ao bairro, já estava escuro e teve de andar uns dez minutos para chegar ao local, às casas ameaçadas.

Viu muitas pessoas tristes e com medo descendo o morro, carregando objetos, alguns móveis e roupas. Tinham poucas coisas, mas eram tudo para eles. Pedro subiu, muita água barrenta já escorria pela escada. Ajudou uma senhora idosa a descer, deixou-a na rua estreita. Subiu de novo.

— O senhor não deve subir, está perigoso! — aconselhou um homem que descia.

Pedro sorriu em resposta e continuou. Na área de risco mesmo, foi de casa em casa, ou melhor, de barraco em barraco.

— Tem alguém aí? Precisa de ajuda? — gritava.

O céu pode esperar

Não obtendo resposta, ia para outra. A chuva estava muito grossa, e a água que descia aumentara. Pulou com agilidade a escada que agora parecia um rio com correnteza forte. Ao perguntar de novo, ouviu:

— Socorro! Me ajuda! — gritos de uma mulher.

Forçou a porta e entrou no barraco. Viu uma mulher com duas crianças.

— Senhor, por Deus, me ajude! — a mulher falava depressa. — Estou com o pé quebrado. Tenho duas crianças comigo. Meus filhinhos! Achei que não ia precisar sair do barraco, mas parece que ele vai desabar. Meu nenê tem somente treze dias.

Pedro pensou rápido. Pegou um lençol, amarrou ao seu peito, colocou a criança de três anos nas suas costas e o nenê no peito; passou o braço esquerdo na cintura da mulher e saíram do barraco. Não podiam mais usar a escada, ninguém podia usá-la, a correnteza jogaria longe quem ousasse passar por ali. Estava muito escuro, pois as luzes escassas dos postes tinham se apagado.

— Por onde podemos descer? — perguntou Pedro à mulher.

— Por aqui — apontou ela para a esquerda. — Acho que conseguiremos.

Pedro arrastava a mulher. As crianças choravam. Afastaram-se uns quarenta metros e o barraco em que estavam desabou com mais três.

— Aqui talvez seja mais seguro! — observou a jovem mãe.

Pedro viu que não. A mulher queria ficar embaixo de uma grande pedra.

"Se essa pedra rolar, nos mata. Eu quero morrer, mas eles não. Vou tentar salvá-los. Depois volto e morro. Não! Se voltar somente para morrer é suicídio. Agora não é hora para pensar nisso. Devo salvar esta mãe com os filhinhos!"

Um raio clareou o local, e Pedro conseguiu ver um caminho por onde não escorria água. Foram para lá e desceram devagar.

— Esse é o barraco de dona Mariquinha. Com certeza, ela também não saiu. Dona Mariquinha! — gritou a moça na frente de um barraco.

A jovem mãe forçou Pedro a dar passos rumo ao barraco. Ela empurrou a porta. A luz de uma lanterna iluminou uma senhora idosa, que orava ajoelhada.

— Venha, vamos sair daqui! — gritou a mãe das criancinhas.

— Não! — respondeu a senhora. — Ir para onde? Meu barraco já aguentou outras tempestades.

— Não como esta! O meu barraco caiu! Venha, por favor, dona Mariquinha. Desça conosco!

Pedro não quis esperar as duas decidirem. Ordenou:

— Vamos! Já! A senhora traz a lanterna. Vamos rápido sair daqui! Estou mandando!

A senhora levantou-se, abraçou do outro lado a jovem mãe. Pedro pegou a lanterna com a mão direita e caminharam.

— Ai, meu Deus! Ó, Pai, nos ajude! — rogou a senhora.

Pedro lamentou não conhecer o lugar, mas com a lanterna ficou mais fácil. Conseguiram descer com muitas dificuldades. Pararam num lugar onde ele sentiu ser seguro. A chuva afinou, e o pessoal do resgate e os bombeiros chegaram até eles. Pedro entregou as crianças e as mulheres. A jovem mãe o olhou, beijou sua mão e agradeceu comovida:

— Deus lhe pague!

O céu pode esperar

O garoto que segurava firme sua camisa e às vezes seus cabelos, o que ficou amarrado a suas costas, perguntou:

— O senhor é o Papai Noel?

— Não — respondeu Pedro.

— Deve ser sim — concluiu o garotinho. — Papai Noel é bonzinho, o senhor também é. Tem barba crescida como a dele, mas a sua é preta, e a do Papai Noel é branca. O senhor se parece com ele!

— O senhor quer ajuda para descer? — perguntou gentilmente um bombeiro a Pedro.

— Não! — respondeu ele decepcionado.

As duas crianças e as mulheres desceram amparadas agora pelos bombeiros. Pedro olhou para o morro, que já não oferecia mais perigo. Estava só chuviscando, e a água que descia era pouca. Ele desceu.

— Que pena! Não morri! — exclamou aborrecido.

Ninguém escutou. Lá embaixo, na rua, os bombeiros organizavam o atendimento. Ofereceram um café quente a Pedro, que o tomou. O pessoal do resgate tinha muito o que fazer ali, mas, como já não havia perigo, Pedro decidiu ir embora. Esperou dez minutos no ponto do ônibus; estava molhado e com frio. Fez o mesmo trajeto, duas conduções. Chegou em casa tremendo de frio. Tomou um banho quente.

"Quem sabe se contraio uma gripe forte e morro de pneumonia!", suspirou esperançoso.

Cansado, foi dormir, e acordou no outro dia disposto. Fez café, lavou as roupas e organizou a casa. A irmã lhe trouxe o almoço, e ele teve de comer porque Nilza ficou perto observando-o. Quando ela foi embora, Pedro resolveu sair. Pegou o ônibus para o centro da cidade, para um local perigoso, onde vendiam drogas e faziam muitos assaltos.

Andou por ali na esperança de ser assaltado e morto. Observou os frequentadores daquela praça: jovens sujos, homens e mulheres com olhar de desesperança; uns fumavam, mas a maioria parecia embriagada e drogada. Caminhou devagar.

De repente, um senhor idoso foi assaltado na sua frente. Pedro interferiu, segurando o ladrão.

— Largue-me, senão eu o mato! — gritou o moço.

Ele estava armado e apontou o revólver para Pedro.

— Por favor, senhor, deixe-o, ele poderá matá-lo — pediu o senhor que estava sendo assaltado.

Pedro segurou o assaltante com mais força.

— Devolva o dinheiro para ele! — ordenou Pedro ao ladrão.

O assaltante o encarou, viu determinação no olhar de Pedro, soltou o revólver e devolveu o dinheiro para o senhor idoso.

Pedro, decepcionado, não largou o moço. O senhor pegou rápido o dinheiro devolvido.

— Era minha aposentadoria, o dinheiro que tenho para comprar alimentos e remédios. Obrigado, senhor, mas agora largue o moço.

— Deixe-me ir — pediu o moço. — Não chame a polícia! Já devolvi o dinheiro. Largue-me! Também como esse senhor, preciso do dinheiro para comer e comprar remédios, por isso assalto.

— Por que não trabalha, se é forte? — perguntou o senhor idoso.

— O senhor sabe de alguém que dá emprego a uma pessoa que é, ou foi bandido? Não tenho ficha limpa. Todos os patrões querem referências.

O céu pode esperar

Pedro achou que o moço podia estar dizendo a verdade. Era difícil para um empregador dar trabalho a uma pessoa que já esteve presa, que cometeu crimes contra a sociedade. Como saber se de fato a pessoa se recuperou? Muitas vezes, o empregador se decepciona ao dar emprego a pessoas assim. Por isso, uns pagavam pelos outros. E os que queriam se modificar, tornar-se honestos, não encontravam oportunidades e, às vezes, só lhes restava continuar praticando delitos. Ele teve pena daquele rapaz e o soltou. O moço correu desaparecendo da vista deles.

— O senhor arriscou-se demais! Ele podia tê-lo matado! — exclamou o idoso.

Pedro sorriu e pensou:

"Podia, mas infelizmente não o fez!"

— Sempre faço outro caminho para não passar neste local, com medo de ser roubado, mas hoje minhas pernas estão doendo muito, então resolvi vir por aqui, que é mais perto — explicou o senhor.

Pedro abaixou-se e pegou a arma.

— É de brinquedo! — exclamou.

— Isso explica por que ele preferiu fugir — concluiu o senhor.

Pedro jogou o revólver no esgoto pelo vão da grade.

— Assim ninguém o pegará para fazer outro assalto. Vou acompanhá-lo até a avenida — decidiu Pedro.

E foi com o senhor até o ponto de ônibus. Resolveu ir para casa, desistindo, por aquele dia, de ser morto por um assaltante.

"Acho que não é meu dia de sorte!", pensou.

Despediu-se do senhor, que lhe agradeceu de novo, e pegou o ônibus para voltar a sua casa.

4

Pagando as dívidas

Ao passar pelo bar perto de sua casa, Waldemar, o proprietário, chamou-o:

— Pedro, tenho recados para você!

Ele entrou e Waldemar foi logo falando:

— Sua filha ligou e pediu para lhe avisar que vem amanhã cedo para vê-lo. Geraldo, seu colega de fábrica, também ligou e pediu para lhe falar que o Gilson precisa do dinheiro porque a esposa dele vai ter gêmeos. E é para você receber o dinheiro, que, segundo a secretária, já está disponível.

Pedro conversou mais uns minutos com Waldemar, agradeceu e foi para casa.

"Devo a amigos, é melhor acertar com eles antes de morrer. Vou pagar minhas dívidas!"

Foi a um posto telefônico perto de sua casa fazer ligações. Telefonou para a fábrica e falou com a secretária, que lhe deu os pêsames e depois deu todas as explicações sobre como retirar o dinheiro, a quantia que receberia por ter se aposentado.

Ligou depois para seus dois irmãos. Conversar com eles foi confortante.

— Jonas, você me emprestou uma quantia razoável. Quero lhe pagar, mas agora não tenho como. Vou receber um dinheiro extra com a aposentadoria, mas tenho outras dívidas, com ex-colegas de trabalho.

— Pedro — respondeu o irmão —, você não me deve nada. Fiz pelo Alê, que era meu afilhado, e fiz com amor.

Insistiu, mas Jonas deixou claro que ele não lhe devia nada. Agradeceu emocionado o carinho do irmão.

Caminhando devagar, voltou para casa pensando que o dinheiro que receberia não daria para quitar todas as dívidas, mas que, pelo menos, seria suficiente para pagar os companheiros do trabalho que haviam lhe emprestado suas poucas economias.

Perto de sua casa, encontrou-se com Jairzinho, um garoto que às vezes brincava com Alexandre.

— Senhor Pedro, como está passando? Não fui ao enterro do Alê porque mamãe não tinha dinheiro para o ônibus, mas oramos à noite por sua alma. Queria ter ido me despedir dele. Alê era bonzinho, sempre me deixava brincar com seus brinquedos e andar na sua bicicleta.

O céu pode esperar

— Seu pai ainda está desempregado? — perguntou Pedro.

— Ele arrumou um emprego, é guarda-noturno e ganha pouco — respondeu o garoto. — Mamãe continua fazendo faxinas. Não é fácil pagar aluguel e nos sustentar. Eu poderia trabalhar para ajudar nas despesas de casa, mas ninguém quer empregar um menor. Se tivesse uma bicicleta, poderia entregar jornal de manhã para o senhor Jorge.

— Bicicleta?! — expressou Pedro.

E pensou: "A do Alexandre está lá guardada e ele não vai usá-la mais. Certamente, meu filho ficará contente se Jairzinho usá-la".

— Jairzinho, vou dar a você a bicicleta do Alexandre. Venha buscá-la!

— Primeiro devo falar com minha mãe.

— Por quê? Você não a quer porque pertenceu ao Alexandre?

— Não é por esse motivo. Eu a quero! Mas é um objeto caro e não posso chegar em casa com ela sem antes falar com a mamãe. Quanto a ser do Alê, acho que somente me trará sorte. Objetos de pessoas bondosas nos fazem bem. Vou rápido perguntar à minha mãe, espere-me lá na casa do senhor que volto logo com a resposta. Obrigado, senhor Pedro!

Pedro entrou em casa, pegou seu caderno com as anotações de suas dívidas. Mas nem deu tempo de abri-lo e já escutou Jairzinho chamá-lo.

Abriu o portão. Jairzinho estava com a mãe, que, após os cumprimentos, perguntou:

— Senhor Pedro, é verdade que o senhor quer dar ao meu filho a bicicleta do Alê?

* 45

— Sim, senhora, ofereci a ele e faço-o de coração — respondeu Pedro.

— Vim aqui — continuou a senhora a falar — porque a bicicleta é cara. Eu ficaria preocupada se Jairzinho chegasse com ela em casa. Gosto de saber o que acontece com os meus filhos.

— A senhora tem razão! Entrem! — convidou Pedro.

Pedro ia pegar a bicicleta nos cômodos dos fundos, quando observou que o garoto sorria feliz.

"Como é bom ver as pessoas felizes! Alexandre não precisará mais das coisas dele, vou dar a esta senhora que tão bem educa os filhos."

— Senhora, gostaria de dar ao Jairzinho as roupas do Alexandre, seus livros e alguns brinquedos. Posso?

— Aceito, senhor Pedro, e fico muito agradecida.

Num impulso, Pedro pegou algumas sacolas, abriu o armário do filho e foi colocando roupas, cadernos, livros e alguns brinquedos que eram dele. Entregou-as à mãe do amiguinho do seu menino. Deu a bicicleta a Jairzinho.

— Obrigada! — agradeceu a senhora sorrindo.

— Deus lhe pague! — exclamou Jairzinho enxugando lágrimas de contentamento.

Foram embora felizes.

Quando fazemos pessoas felizes, se não ficamos também, sentimo-nos tranquilos, em paz. Sentindo-se bem, Pedro pegou seu caderninho e começou a consultar suas anotações.

— Devo para muitas pessoas — Pedro falou alto. — Não quero morrer sem acertar essas dívidas. Não é bom! Emprestaram-me para ajudar! Meus colegas, amigos da fábrica, são pobres.

Vou me organizar e pagar a todos. Mônica ia à cabeleireira, devo ir lá e perguntar à dona Marina quanto lhe devo. Com certeza, estamos devendo também à dona Célia, a costureira, e ao japonês que vende verduras. Para o Waldemar, da mercearia, sei que devo, mas não sei ao certo quanto. Ele sempre foi muito bondoso conosco.

"Já que tenho de pagar essas dívidas antes de morrer, é melhor fazer logo", pensou decidido.

Foi à cabeleireira e dona Marina lhe informou:

— Senhor Pedro, Mônica sempre me pagou, não me deve nada.

Escutou a mesma coisa da costureira e do verdureiro. Encabulou-se:

"Como Mônica conseguiu dinheiro para pagar essas três pessoas?"

Ficou quieto dentro de casa, sentiu a solidão, fez e refez contas: o que receberia e o que pagaria. Resolveu pagar todos os ex-companheiros de trabalho e algumas prestações para Benedito, o barbeiro, que lhe emprestara dinheiro a juros razoáveis.

Foi dormir cedo e acordou de manhãzinha. Arrumou toda a casa, queria que a filha visse tudo arrumado. E ela veio como prometera. Abraçaram-se.

— Como está, paizinho?

— Bem, filha, não se preocupe. E você?

Respondeu que estava bem. Contou de sua ida ao médico, o que ele lhe receitou, que teve desejos etc.

— Filha, e sua mãe, como está? — Pedro quis saber.

— Está triste com a morte do Alê, mas está bem.

— Você sabia desse romance? Que sua mãe namorava Arnaldo?

— Quando soube — respondeu Aline — havia tempo que eles estavam juntos. Eles se gostam muito. Mamãe me pediu para não lhe falar nada e que lhe contaria assim que Alê melhorasse ou morresse. O senhor também não gostava mais dela, não é? Sofreu por isso?

Pedro pensou: "Não senti ser traído, não depois da perda de Alexandre".

Sorriu para a filha, que o olhava com carinho.

— Não, filha, não sofri por isso. Quero que Mônica seja feliz.

— O senhor lhe dará a separação? — perguntou Aline.

— Sim, claro. Mas devemos esperar um pouquinho, logo Mônica estará livre para casar com Arnaldo.

"É melhor esperarmos um pouco. Morro e assim ela fica viúva e não necessitaremos nos separar judicialmente. Essas separações dão um trabalhão e são tão caras!", pensou Pedro.

— Aline, minha filha, quero lhe perguntar se você quer ficar mesmo com Zé Carlos, porque, se não quiser, pode ficar aqui em casa.

— Papai, amo Zé Carlos! É com ele que quero ficar. Paizinho, vim aqui também para lhe pedir algo. Já que está dormindo no quarto do Alê, será que o senhor não nos empresta a cama de casal? Estamos tendo muitas despesas e agora não temos como comprar muitas coisas.

— Claro, filha, dou-lhe a cama, bem como tudo o que quiser. Infelizmente, não tenho dinheiro para lhe dar, pois tenho de saldar as dívidas. Leve o que precisar daqui de casa!

— Obrigada, papai. Vou querer também o roupeiro e a cômoda. Antes de vir aqui, passei na casa do Arnaldo para ver mamãe. Ela me pediu para lhe levar uns objetos que esqueceu. Vou pegar e levar para ela. Telefonarei para o Zé Carlos vir com a caminhonete do padrasto para levarmos os móveis.

Aline foi ao quarto, pegou vários objetos e saiu. Pedro tirou suas roupas do roupeiro e levou-as para o armário de Alexandre.

"Ainda bem que dei as roupas do meu filho. Colocarei as minhas aqui."

Pedro percebeu que Mônica não deixara nada dela. Assim que terminou de arrumar suas roupas, a filha voltou e Zé Carlos chegou logo em seguida. Ele e o genro pegaram os móveis e acomodaram-nos na caminhonete.

— Se você quiser mais alguma coisa, venha buscar — ofereceu Pedro.

Despediu-se dos dois com abraços. Pedro arrumou o que eles bagunçaram com a retirada dos móveis. Olhou para seu antigo quarto. Agora estava vazio.

"Vazio como eu!", pensou triste.

A irmã chegou trazendo o almoço.

— Nilza, você tem sido muito bondosa comigo, nem sei como lhe agradecer.

— Você já nos disse obrigado e já basta!

— Nilza, quanto lhe devo? Você nos deu dinheiro muitas vezes e eu não marquei.

— Foram quantias pequenas. Você não me deve nada — afirmou Nilza.

— O que vou receber — continuou Pedro a explicar — não dará para pagar todas as dívidas, mas vou tentar acertar tudo.

Pagarei você e Oscar logo, por isso quero saber quanto lhes devo.

— Pedro, você lembra quando Oscar ficou desempregado? Passamos por dificuldades e você, meu irmão, pagou nosso aluguel, fez compras para nós etc., etc. Quando viemos acertar com você, não quis receber. Nunca esquecemos o que nos fez. Retribuímos, meu irmão. Vou responder a você agora, como nos disse: "Irmão é para isso! Para ajudar quando o outro necessita".

Nilza emocionou-se, enxugou algumas lágrimas. Abraçaram-se.

— Está bem, Nilza, não falaremos mais sobre isso. Quando fazemos algo com amor, um obrigado basta! Minha irmã, você não precisa mais me trazer comida. Vou ajudar Waldemar e comerei por lá.

— Por quê? — perguntou Nilza.

Ele inventou uma desculpa para que a irmã não se sacrificasse para lhe trazer o almoço. Mas, naquele momento, teve uma ideia: poderia quitar a dívida com Waldemar trabalhando para ele.

— Vou tentar pagar o que devo a ele com trabalho e lá me ocuparei e me distrairei.

— Que bom vê-lo disposto! — exclamou Nilza.

— Nilza — falou Pedro —, perguntei à cabeleireira e à costureira de Mônica e também ao verdureiro quanto lhes devia e tive uma surpresa, eles me afirmaram que ela os pagava. Fiquei sem entender. Como Mônica os pagou se não lhe dei dinheiro?

— Pedro — disse Nilza pausadamente procurando uma maneira de explicar sem ferir o irmão —, Mônica estava tendo um caso com Arnaldo havia algum tempo. Ele dava dinheiro a ela para as suas despesas pessoais.

— Eu devo dinheiro a ele! — exclamou Pedro.

— Não deve não! Que absurdo! — indignou-se Nilza. — Mônica era a mãe de Alê e sabia que com o filho doente vocês estavam tendo muitos gastos. Ela, como mãe, deveria economizar. Se gastou com cabeleireiro, costureira, deveria ser mesmo com o dinheiro de Arnaldo. Por favor, não pense em lhe pagar. Não quero você conversando com ele.

Pedro sorriu. A irmã tinha razão.

— Vou esquecê-los! Prometo!

Nilza foi embora tranquila com a promessa dele.

"Com a minha morte, nossas duas casas ficarão para Mônica e Aline e, aí, Arnaldo terá de volta o dinheiro que deu para Mônica enquanto ela estava comigo", pensou.

Lembrou então da outra casa, a primeira em que moraram e que estava alugada para um casal de idosos. O filho deles pagou adiantados dois anos e meio. Fez isso para ajudá-lo e também aos pais. Tinha ainda vinte e três meses de aluguel pagos. Se ia morrer, era melhor deixar esse fato também esclarecido.

Pegou o caderno e escreveu um recado para a filha esclarecendo-a desse detalhe. Fez também um recibo e foi levar para os inquilinos.

O casal o recebeu com alegria, insistindo para que entrasse, mas Pedro estava com pressa. Deixou o recibo.

— Para que isso, Pedro? Não necessitamos de recibo.

— Nunca se sabe, se eu morrer, o senhor terá como provar que pagou adiantado.

Despediu-se e foi ao banco. De posse do dinheiro, separou o que devia aos amigos da fábrica e foi à barbearia do senhor Benedito.

— Senhor Benedito — disse Pedro —, vim lhe pagar quatro prestações, tenho uma vencida e outra que vence amanhã. Quero que não me cobre mais juro da atrasada já que vou pagar duas adiantadas.

O barbeiro aceitou, Pedro pegou as notas promissórias e as rasgou, aproveitando para cortar os cabelos e fazer a barba.

Como somente iria à tardinha, no final do expediente na fábrica, encontrar-se com os colegas para pagá-los, foi ao mercadinho, que também era um bar e lanchonete do Waldemar, encontrou-o muito atarefado.

— Pedro — comentou o proprietário do bar —, Lair quebrou o pé. Ao vir de bicicleta para trabalhar, foi atropelado na esquina. Deve ficar afastado por uns quarenta dias.

Lair era o empregado de Waldemar.

— Waldemar — expressou Pedro —, devo-lhe e quero lhe pagar. Mas tenho outras dívidas e pouco dinheiro. Passei aqui para conversar sobre isso com você. Será que não posso ficar no lugar de Lair? Trabalho para você e assim pago o que lhe devo, não os favores que nos fez. Esses, somente Deus, o Pai Celeste, com certeza o abençoará por ter nos ajudado.

— Não fiz nada de mais! — Waldemar exclamou emocionado.

— Como não? — perguntou Pedro. — Usamos muito seu telefone, deu-nos tantos recados. Se muitas vezes comemos foi porque você não nos negou fiado. Sou grato a você, Waldemar.

O proprietário do estabelecimento pegou um caderno de anotações, abriu e Pedro viu a quantia marcada e opinou:

O céu pode esperar

— Eu não marquei o que lhe devo, mas acho que é mais.

Waldemar fez um gesto costumeiro, sacudiu os ombros. Ele fazia isso quando não queria falar.

"Não faz mal, pago isso e mais o que acho que devo", pensou Pedro.

Vendo que Waldemar continuava indeciso, Pedro decidiu:

— A que horas quer que eu venha para lhe ajudar? Se não se importar, começo amanhã, porque tenho de ir logo mais para a fábrica.

— Olá, Pedro! Como está? Já se recuperou? — perguntou Nicão, um conhecido e frequentador do local, que acabara de entrar no estabelecimento.

— Estou bem, obrigado! — respondeu Pedro.

— É forte mesmo! O filho morreu, a mulher que o traía o abandonou. Não pensa em fazer justiça? Afinal, todos entenderiam se você os castigasse, até os matasse — comentou Nicão provocando com sorriso cínico.

Pedro sorriu também. Ele pensava em morrer, mas não em matar. Se Nicão pudesse matá-lo, provocaria uma briga, mas ele era do tipo que preferia ferir com a linguagem.

— Nicão — respondeu Pedro tranquilo —, meu filho estava muito doente e sabíamos que não ia se curar e que faleceria. Mônica e eu não estávamos vivendo bem e íamos nos separar. Não me sinto traído! Quero mais é que eles sejam felizes.

Pedro deu as costas para o imprudente fofoqueiro e falou para Waldemar:

— Como vê, não estou triste a ponto de incomodar seus fregueses nem aceitarei provocações. Posso vir?

— Espero-o amanhã!

Combinaram, Pedro começaria às onze horas. Satisfeito, foi para casa para logo mais ir à fábrica.

"Ninguém", pensou Pedro, "além do Nicão, falou comigo sobre a atitude de Mônica. Meus amigos e conhecidos tiveram bom senso. Não gosto de mentir, mas foi melhor dizer que Mônica e eu já não nos dávamos bem. Acho que estávamos separados mesmo, eu que não percebi".

Colocou o dinheiro em envelopes e escreveu o nome dos companheiros. Sentiu-se aliviado em poder pagar-lhes. Foi para a fábrica.

Resolvendo o problema de Isaac

Pedro ao chegar olhou a fábrica, ambiente seu tão conhecido, não sabia dizer quantas vezes ali fora para trabalhar. Descobriu que amava o local e lhe deu uma vontade de voltar a fazer parte daquela rotina. Mas não quis pensar muito nem se entristecer. Foi à secretaria. Todos os que trabalhavam ali o cumprimentaram gentilmente.

— Vim até aqui para agradecer-lhes. Você, Ivone, que acertou tudo para mim, muito obrigado! — expressou Pedro.

— Sabíamos que você estava com problemas sérios, foi um prazer resolver tudo para você — respondeu Ivone.

— Ivone — disse Pedro —, você me faria mais um favor? Diga aos proprietários que lhes agradeço por terem me dado um emprego em que por anos trabalhei, tive meu salário para um sustento honesto, por terem permitido que trabalhasse em horário especial para poder ficar com meu filho no hospital. Diga-lhes que sou grato e que rogo a Deus os abençoar.

— Falo sim, Pedro, vou repetir tudo o que disse.

Pedro agradeceu de novo, despediu-se e foi para o pátio esperar que os amigos terminassem o turno e saíssem. Não esperou muito, os amigos ao vê-lo foram abraçá-lo. Depois de receber pêsames, abraços e informar como estava, Pedro convidou aqueles a quem tinha de pagar para se agruparem num canto do pátio. Conversaram trocando informações. Ele contou aos amigos seu sofrimento com o falecimento do filho e o abandono da esposa. Os amigos escutaram em silêncio.

— Mas — disse Pedro sorrindo — deixemos as tristezas. Vim aqui porque recebi o dinheiro da minha aposentadoria e vim pagar-lhes. Aqui está! — distribuiu os envelopes. — Obrigado! Deus lhes pague os favores que me fizeram. Sei que me emprestaram dinheiro que lhes fez falta. E graças a esses empréstimos, pude dar um pouco de conforto ao meu filho. Devolvo, mas os favores, somente Deus para lhes pagar.

Pedro se emocionou, foi abraçado.

"Amizade é de fato uma preciosidade que não tem preço material", pensou Pedro.

Despediram-se, Pedro ia sair com eles do pátio, quando Isaac o segurou pelo braço.

— Pedro, posso conversar um pouquinho com você?

— Claro, vamos sair e sentar na guia — respondeu ele.

O céu pode esperar

Era costume deles, ao chegarem antes do turno ou após o trabalho, sentarem-se na frente da fábrica, na guia da calçada. Foram os dois para lá. Pedro olhou para Isaac convidando-o a falar. Depois de segundos de indecisão, o amigo disse:

— Você conhece Isaurinha e sabe o tanto que aquela morena é bonita e por isso estamos com problemas sérios.

Pedro conhecia Isaurinha. A esposa de Isaac era de fato linda. Ele continuou olhando para o amigo, esperando que voltasse a falar. Este, após uma pausa, desabafou:

— Já mudei três vezes de bairro por causa da beleza dela. Homens a cobiçam. Não tenho por que desconfiar de minha mulher, é honesta, boa esposa e mãe, temos três filhos pequenos. Ela me ajuda e trabalha como doméstica, cuida de uma tia minha que mora sozinha e é doente. Um valentão, Falcão, um sujeito safado, está assediando-a. Manda recados, flores, que são devolvidas, passa na rua de casa; às vezes, para na frente e começa a nos ameaçar. Manda dizer que sabe quem são nossos filhos, quem cuida deles na creche etc. Eu já quis conversar com ele, mas Isaurinha não deixa, ela chora de medo de o sujeito me matar e me fez prometer que não vou enfrentar o valentão.

— Esse sujeito é mesmo capaz de matar? — perguntou Pedro esperançoso.

— Acho que sim — respondeu Isaac. — Que faço, amigo? Você é mais velho que eu, experiente e já passou por tantos problemas.

Pedro ficou quieto por instantes e pensou:

"Vou ajudar Isaac, talvez tenha sorte e esse valentão me mate!"

— Isaac, vou ajudá-lo. Conte-me o que sabe desse homem — pediu Pedro.

— Sei pouco — falou Isaac —, ele é valentão, deve ser bandido, pois não trabalha. Mora numa pensão, está sempre armado, frequenta bares e nos perturba.

— Como ele se chama? — Pedro quis saber.

— Acho que é Sebastião — respondeu Isaac depois de pensar um instante. — É isso mesmo, uma vez escutei alguém falar o nome dele. É Sebastião.

— Ótimo! Vou resolver esse problema para você. Vou conversar com ele e exigir que o deixe em paz.

— Como? Está louco? Ele pode matá-lo! — exclamou Isaac assustado.

— Melhor! Digo... Isaac, a vida me tirou tudo, ou quase tudo. Não me importo em morrer e, se isso ocorrer, irei ter com meu filho e será uma alegria.

— Tem certeza? — indagou Isaac duvidando.

— Sim! — afirmou Pedro. — Se me achar morto, acuse esse Falcão e aí ele vai preso e lhe dará sossego. Mas pode ser também que eu o coloque fora de área.

— Como? Acho que você enlouqueceu.

— Estou bem! Vou contar a você meu plano. Vou procurar Falcão e dizer a ele que sou um matador de aluguel e que fui pago para matar o Sebastião e que receberei mais dados, como apelido, onde frequenta etc. Se ele acreditar, fugirá. Deixe-me tentar, Isaac! Agora descreva esse valentão.

Isaac ficou indeciso, achou o plano de Pedro perigoso, mas, como o amigo insistiu, ele deu todos os detalhes que sabia sobre o perturbador do seu sossego.

— Agora você vá embora — pediu Pedro. — Irei mais tarde para esse bar que Falcão frequenta.

— Cuidado, Pedro, e obrigado por querer me ajudar — agradeceu Isaac abraçando-o.

Pedro sorriu e pensou: "Isaac não acredita, mas meu plano poderá dar certo. Vou tirar o valentão da vida dele e esse com certeza me matará".

Numa lanchonete ao lado da fábrica, perto de uma construção, Pedro comeu um lanche; depois pegou um pedaço de madeira, colocou no bolso do casaco. Ele gostou do resultado, pois parecia que estava armado. Andou por ali até as vinte e uma horas e depois foi para o tal do bar, confiando que ia encontrar o valentão e a morte.

Era cedo, mas no bar já havia algumas pessoas, homens e mulheres que conversavam animados. Olharam curiosos para Pedro, que era um estranho. De repente, viu um homem parecido com a descrição que Isaac fizera e teve a confirmação quando ouviu alguém chamá-lo.

— E aí, Falcão, tudo certo?

Pedro aproximou-se dele, pagou-lhe uma bebida e ficaram conversando. Pedro lembrou-se de uma entrevista a que assistira em que o entrevistado dizia ser um matador profissional. O homem não olhava no rosto das pessoas, falava manso, tinha gestos lentos. Agiu assim. Fingiu estar embriagado e falar demais.

— Sabe, cara — falou se gabando —, sou um bom profissional! Sou sim! Nunca deixei de fazer um serviço. Valho quanto me pagam! Estou aqui para fazer um trabalhinho. Já recebi metade e, com certeza, receberei a outra assim que realizar o serviço.

Vera Lúcia Marinzeck de Carvalho do espírito Antônio Carlos

Curioso, Falcão deu toda a atenção, queria saber qual era o trabalho do outro. Pedro, sempre falando pausadamente e dizendo simpatizar-se com ele, entre um gole e outro, fingindo beber, falou:

— Sou uma pessoa que auxilia as outras a acertar a vida, a resolver problemas desagradáveis. Ajudo aqueles que me pagam, é claro. E, se para isso morre alguém, não tenho culpa. Afinal, alguém tem de perder, não é? E que não seja meu cliente. Já apaguei cinquenta e dois e espero detalhes para empacotar o cinquenta e três.

— Você mata? — perguntou Falcão se espantando.

— Sim, por que o susto? Não matou ninguém ainda?

— Não — respondeu Falcão. — Já tive vontade, mas...

— Você não tem coragem? — perguntou Pedro.

— Não é isso, é que tenho resolvido meus assuntos de outro modo. E não quero ir para a prisão.

— Quando se faz o serviço bem-feito, não precisa ter medo. Vim aqui para matar uma pessoa, executo-a, vou embora para longe e ninguém por aqui sabe nem o meu nome. Muitos dirão que me viram, mas a descrição deles não levará a polícia até mim. Tinjo os cabelos, deixo a barba crescer, coloco óculos etc.

— Quem você vai matar? — perguntou Falcão curioso.

— Só sei o nome, amanhã receberei mais detalhes. Sei que é um safado que está atrás de uma mulher casada e que está ameaçando a família. Merece morrer! Você não acha?

— Sim, acho. Mas quem é ele?

— Por que quer saber? Você está perguntando demais e não gosto — respondeu Pedro.

Mexeu na cadeira mostrando ao outro o volume no bolso do casaco e Falcão com certeza acreditou ser uma arma. Pedro sentiu que o perturbador da paz de Isaac ia sair de perto dele e falou:

— Mas vou lhe dizer, é um tal de Sebastião. Dizem que é conhecido por um apelido. Amanhã vou saber.

Falou de cabeça baixa, mas percebeu que o outro parou de se movimentar e sua respiração ficou diferente.

— Conhece? — perguntou Pedro.

— Não, não conheço. Agora, se me der licença, tenho de ir — respondeu Falcão apressadamente.

— Não fale nada do que ouviu, cara — recomendou Pedro. — Não é difícil, em vez de matar um, apagar dois. Entendeu? Acho que bebi demais e falei mais ainda.

— Não falou, não. Já esqueci o que ouvi.

Falcão saiu do bar e Pedro ficou ali observando os frequentadores. Sentiu dó daquelas pessoas que pareciam alegres.

"Todos têm problemas! Aquela moça ri, mas escutei-a comentar com a outra que está preocupada com o filho doente. É melhor concentrar-me no meu problema. Vou sair do bar e andar vagarosamente pelas ruas. E, com certeza, esse Falcão deve estar me esperando e me matará à traição."

Saiu do bar e andou pelas ruas sem movimento, encontrou somente com algumas pessoas, evitou olhar para trás ou para os lados.

— Como é ruim esperar! — resmungou.

Sentiu uma sensação estranha. Parecia que alguém estava ao seu lado protegendo-o. Arrepiou-se. Achou que talvez fosse Falcão observando-o.

Não havia mais ninguém pelas ruas. Cansado, murmurou aborrecido:

— Ele não acreditou!

Vera Lúcia Marinzeck de Carvalho do espírito Antônio Carlos

Eram quatro horas da manhã; resolveu ir embora. Não querendo que Falcão soubesse onde morava, certificou-se de que não estava sendo seguido. Quando teve certeza de que não era seguido, foi para casa. Caminhou bastante, não havia mais ônibus naquele horário. Chegou a sua casa exausto e com gosto ruim na boca; não era acostumado a beber, e a bebida era de má qualidade. Tomou um banho e foi dormir. Acordou com o despertador às dez e meia, levantou-se, alimentou-se e foi para o bar trabalhar.

Disposto, começou a fazer uma boa limpeza, achou que o estabelecimento estava um tanto sujo. Distraiu-se com o serviço, fez entregas, atendeu clientes e telefones.

— Pedro — escutou a voz de Isaac —, o que faz aí no bar?

— Estou trabalhando para pagar dívidas. Sinto, Isaac, que meu plano não tenha dado certo.

— Como não? Deu certo sim! Telefonei para lhe dar o recado, mas, já que atendeu, escute: Falcão se mandou! Pegou todas as coisas dele, saiu da pensão e foi embora e ninguém sabe para onde. Nós nos livramos dele! É maravilhoso! Isaurinha mandou lhe agradecer e quer que você venha jantar conosco. E eu, somente posso lhe agradecer: Deus lhe pague!

"Lá se vai mais uma tentativa! Que será que estou fazendo de errado para não dar certo? Ainda bem que Isaac e Isaurinha agora estão tranquilos, eles têm três filhos pequenos. Será que imitei tão bem um matador profissional que Falcão ficou com medo? É, acho que sim..."

A empregada de Waldemar, dona Olga, fazia o almoço para ele e passou a fazer também para Pedro. Assim, ele levantava cedo, arrumava a casa, lavava roupas, ia para o bar, tomava as refeições lá e trabalhava. Três dias depois, o local tinha outro aspecto, Waldemar estava satisfeito e Pedro também, chegava em casa à noite cansado e dormia. Se lembrava do filho, era para dizer a si mesmo:

— Logo estarei com você!

6

Um amigo, Josias

Josias estava preocupado, estava sendo difícil ajudar e orientar Pedro.

— *Gosto muito de Pedro, mas ele está extrapolando!* — expressou.

Josias estava desencarnado e havia muito tempo morava na espiritualidade. Era amigo de Pedro, estiveram encarnados juntos na encarnação anterior de Pedro. Josias era grato ao amigo, mas este estava abusando, e ele tinha de resolver rápido como agir para que seu protegido esquecesse o plano de morrer.

Vera Lúcia Marinzeck de Carvalho do espírito **Antônio Carlos**

Josias olhava-o trabalhando no bar, parecia um homem feliz. Escutou comentários de outros encarnados que passavam por ali ou que entravam no estabelecimento para adquirir mercadorias.

— Pedro é mesmo uma pessoa excepcional!

— O filho morreu, a filha casou-se, a mulher abandonou-o e ele continua forte, está até trabalhando.

— Ele me falou que quer pagar as dívidas que tem.

— É honesto!

— Um exemplo!

Josias concordou. De fato, Pedro era tudo aquilo e mais: amigo, leal e bondoso.

— *Mas está me dando um trabalhão!* — exclamou Josias.

"Tudo estava sob controle, ou quase tudo", pensou Josias. *"Por mais que eu tenha orientado Aline, ela e Zé Carlos não resistiram aos apelos do sexo. Mas eles aceitaram a gravidez e estão dando oportunidade a um espírito de viver no Plano Físico. Também pedi à Mônica para não se envolver com outro. Mas Pedro e ela já não se amavam, estavam distantes e se separaram. Acho que não tenho sido um bom protetor. Esbarro sempre no livre-arbítrio e este deve ser respeitado."*

— *Difícil essa minha tarefa!* — resmungou.

"Acho que vou pedir para fazer um trabalho mais fácil!", continuou Josias pensando. *"Mas, como deixar Pedro agora? Ele nunca me deixou. Como esse amigo já me ajudou! Vou continuar tentando auxiliá-lo. Acredito que o ajudei de alguma forma. Estou junto deles desde que descobriram a doença de Alexandre. Fiz muita companhia ao garoto enfermo no hospital. Pessoas emprestaram dinheiro a Pedro porque também pedi a elas. Tentei dar disposição a ele, que, além de trabalhar na fábrica, ia para o hospital distrair a garotada doente."*

O céu pode esperar

Josias olhou para Pedro, que carregava um engradado de bebidas, distraído no trabalho.

— *Se pelo menos ele pudesse me ver!* — Josias lamentou baixinho. — *Falaria a ele: Pedro, não queira morrer! Não é certo! Cada um de nós tem um tempo para estar no Plano Físico, encarnado, e esse período não deve ser abreviado!*

Josias sentou-se num canto do bar, continuou olhando para Pedro e lembrou:

"*Quando Pedro saiu de casa para ir ao morro, fui junto e lá encontrei uma equipe de socorristas desencarnados tentando ajudar os moradores do local e juntei-me a eles.*"[1]

— *Ele vai mesmo subir?* — perguntou um socorrista a Josias.

— *Vai!* — respondeu ele.

— *Então vamos juntos! Vamos tentar fazer com que seu protegido ache uma mulher com seus dois filhos pequenos que estão num barraco que ameaça cair.*

E foram com Pedro.

— *Por ali!* — pediu um socorrista.

— *Pedro, nos atenda, venha por aqui* — rogou Josias.

"*Ainda bem que Pedro me atendeu!*", pensou Josias.

Não é fácil induzir encarnados. O livre-arbítrio é respeitado e somente resta pedir e rogar. O corpo físico é uma couraça

---

[1] N.A.E.: Existem muitos espíritos desencarnados. Muitos estão em condições de servir, ajudar, mas uma grande maioria está ainda necessitada de auxílio. Entre esses que estão aptos a serem úteis, fazem-no em vários lugares. E os que tentam orientar alguns encarnados o fazem por diversos motivos: carinho, amor e, o principal, gratidão. "Quem faz ao outro, a si faz." Quando fazemos o bem, certamente entre os beneficiados encontra-se alguém grato que lhe queira retribuir. Os trabalhadores do Plano Espiritual são quase tão escassos como no Plano Físico. Aqui na Terra há realmente muitos querendo ser servidos. Nosso planeta é uma escola, e esse educandário nos dá oportunidades diversas de servir incentivando-nos a largar de ser servido. Felizes os que aprendem!

que impede o encarnado de perceber a dimensão dos que estão desencarnados. Quando o encarnado é médium, tem mais sensibilidade, recebe melhor os apelos da espiritualidade, mas mesmo assim é o encarnado quem decide. A intuição, de fato, existe. Alerto aos leitores que não se recebem apenas apelos bons; os desencarnados imprudentes, que insistem em prejudicar o próximo, também usam desse recurso. Por isso, o livre-arbítrio é respeitado. São os encarnados que tomam a decisão.

Josias voltou a recordar os acontecimentos. Levou um susto quando Pedro pulou a escada com a enxurrada. Se ele errasse o salto, rolaria com a água barrenta.

— *Como um aprendiz de mentor, não pude ficar tranquilo diante do perigo como deveria!* — falou Josias para si enquanto olhava de vez em quando para Pedro, que trabalhava concentrado no que fazia. — *Por que ele não fica sempre assim? Trabalhando não me dá trabalho!*

Desde que Alexandre ficara doente, Josias recebeu permissão de vir ajudá-los e sua tarefa não havia terminado. Lembrou-se do dia em que foi pedir permissão para auxiliá-los naquele período difícil e escutou do seu orientador:

— *Você poderá ir, Josias, mas sua tarefa não acabará com a desencarnação de Alexandre; deverá ficar para orientar Pedro e familiares até que eles não precisem mais de você.*

"Aceitei", continuou Josias a lembrar. "*E aqui estou, levando um susto atrás do outro com esse Pedro peralta!*"

Josias voltou a pensar na tempestade do morro. A equipe de socorristas desencarnada procurava instruir os moradores a saírem da zona de risco e orientar a equipe de socorro encarnada.

O céu pode esperar

Dois trabalhadores desencarnados foram acompanhar Josias e Pedro.

— *É ali naquela casa que estão a mãe com os filhinhos* — informou um dos socorristas.

Foi um alívio para Josias ao ver Pedro dirigir-se para o barraco indicado.

— *Ele é corajoso!* — expressou o socorrista.

— *É melhor ser rápido* — pediu o outro.

— *Ande, Pedro! Pegue a mulher e os filhos e saiam daqui!* — pediu Josias tentando induzi-lo.

Pedro agiu com inteligência, amarrou os meninos ao seu corpo e ajudou a mulher a abandonar o barraco ameaçado.

— *Eles não devem ficar embaixo dessa pedra, é perigoso! Se ela rolar, vai esmagá-los* — informou um dos que os acompanhavam.

— *Ela vai rolar?* — perguntou Josias preocupado.

— *Não sei* — respondeu o socorrista. — *Essa pedra foi analisada pelos bombeiros encarnados e eles concluíram que poderá rolar com chuva forte.*[2]

"Ainda bem que Pedro percebeu sozinho que o local era perigoso!", pensou Josias e continuou a recordar a aventura no morro.

— *O que é aquele ponto de luz?* — perguntou Josias a um dos socorristas.

---

2 N.A.E.: Não é por estar desencarnado que se sabe tudo. Sabe aquele que estuda, e esse conhecimento ainda para nós terráqueos é muito limitado. Os socorristas que Josias encontrou fazem parte de equipes que estão sempre em locais de perigo tentando auxiliar. E esses desencarnados são quase sempre aprendizes. Não teria como eles saberem se a pedra ia rolar; sabiam que havia possibilidades. Um orientador ou um socorrista de maior conhecimento e muita experiência saberia. Josias também era inexperiente. Somente adquirimos experiências nas tarefas do dia a dia e uma maneira de aprender é fazendo.

— É alguém fazendo uma oração com fé. Vou lá ver e volto rápido — respondeu.

De fato, ele foi; voltou segundos depois e explicou:

— É dona Mariquinha orando, ela está no seu barraco e este não está na área de risco, não vai cair.

Mas a jovem mãe quis ir até lá e dona Mariquinha desceu com eles. Quando os bombeiros os encontraram, eles já estavam seguros. Um dos socorristas agradeceu a Josias.

— Graças ao seu protegido, a jovem mãe e as duas crianças foram salvas. Mas o que ele está dizendo? Pedro quer morrer?

— É uma longa história — respondeu Josias. — *O filho dele desencarnou e ele está com vontade de ir para junto dele. Vou acompanhá-lo, não quero deixá-lo sozinho.*

Josias despediu-se da equipe desencarnada e foi com Pedro no ônibus e, quando ele foi descansar, o fez também.

— *Ufa! Pedro está me dando mais trabalho agora que antes!* — exclamou Josias. — *Ele nunca se revoltou, foi forte, mesmo necessitando de ajuda e consolo, auxiliou e confortou os outros. Preciso com urgência tirar essa vontade dele de desencarnar. Mas como? Acho que devo ficar mais atento.*

E Pedro não deu folga a Josias. No dia seguinte, saiu e foi para um local considerado perigoso por ser frequentado por imprudentes. Nesses lugares onde estão encarnados ociosos, que agem errado, há também, muitas vezes, em maior número, desencarnados afins. Josias ficou próximo de Pedro, pois tanto os encarnados como os desencarnados o olhavam com desconfiança e curiosidade. Josias até pensou em pedir ajuda. Se o fizesse, socorristas amigos da casa espiritual a que ele estava filiado viriam em seu auxílio. Ele fazia parte de uma equipe de trabalhadores da Umbanda. Mas não foi preciso, pois os desencarnados somente riram dele e disseram algumas palavras indelicadas, para as quais Josias, acostumado com esse tipo de reação dos desencarnados desocupados, nem ligou.

Quando o senhor foi assaltado, Josias não conseguiu fazer com que Pedro entendesse que era perigoso interferir, ficando apreensivo. Ele viu logo que o revólver era de brinquedo e ficou mais tranquilo, mas receou que outros encarnados interferissem.

— *Ainda bem que deu certo! Mas por que será que fazem armas de brinquedo? Que brinquedo estranho! Tomara que proíbam sua fabricação!* — exclamou Josias.

Sentiu-se aliviado quando Pedro resolveu ir embora e mais ainda quando ele decidiu pagar suas dívidas.

— *É isso, meu amigo, você deve pagar a todos que lhe emprestaram dinheiro!* — rogou Josias ao seu protegido.

Josias ficou mais animado achando que Pedro não iria pensar em morrer até que pagasse toda a dívida.

— *Isso, Pedro!* — suspirou satisfeito. — *O trabalho o distrairá, cansará o corpo e ocupará a mente, não lhe deixando tempo para tristezas e pensamentos errôneos. Trabalhe sim. Waldemar o ajudou e agora é sua vez de ajudá-lo.*

Mas, quando Pedro disse a Isaac que ia tentar resolver o problema dele com o valentão, Josias indignou-se:

— *Não faça isso, Pedro! O caso é da polícia!*

Sabia, porém, que a polícia não teria como auxiliá-los. Necessitariam de provas e, com tantos assuntos mais urgentes, os policiais não teriam como protegê-los. Pedro decidiu ajudar Isaac, e Josias não teve como fazê-lo mudar sua decisão. Restou acompanhá-lo.

Quando entraram no bar, foram observados pelos encarnados e pelos desencarnados, que estavam em maior número. E foram chegando mais pessoas, e o local lotou. Quando Pedro começou a conversar com Falcão, os desencarnados curiosos aproximaram-se atentos para escutar.

— *É verdade mesmo o que esse homem diz?* — perguntou um desencarnado a Josias.

O aprendiz de protetor sentiu-se em situação delicada, pois não tinha costume de mentir, então respondeu falando pausadamente:

— *Ele está sempre resolvendo problemas dos outros.*

Os desencarnados acharam que ele confirmara o que Pedro dizia e um deles comentou:

— *Engraçado, esse encarnado matou e não tem a marca dos homicidas!*

— *Ele não demonstra o que é!* — respondeu Josias, tentando achar uma resposta que não o fizesse mentir nem que desmascarasse Pedro.

— *É a tecnologia a serviço também dos criminosos! Ainda vou aprender essa técnica* — afirmou outro.

Curiosos, eles observaram os dois visitantes examinando-os de cima a baixo e de todos os lados, tentando saber como os dois modificaram suas auras. Josias sorriu e deixou que os analisassem.

Os homicidas têm a aura de tonalidade rubra, principalmente nas mãos e na cabeça. Alguns encarnados videntes conseguem ver, como também a maioria dos que estão na espiritualidade, confirmando o dito: "não se escondem erros dos desencarnados". A aura que nos envolve, estejamos no Plano Físico ou no Espiritual, mostra o que somos. E essa não há como modificar.

O céu pode esperar

Os desencarnados podem mudar a aparência, principalmente aqueles que sabem, mas seus fluidos e as cores de aura são heranças dos atos, não há como torná-los diferentes. Os desencarnados que estavam no bar eram desprovidos de conhecimentos. Se ali estivesse um estudioso maldoso, saberia a verdade. Estudiosos trevosos são inteligentes, pesquisam, mas não acham um modo de modificar os fluidos ou as tonalidades de sua aura. Daí o adjetivo: trevoso. Suas irradiações são escuras, sujas e algumas são negras. Os bons as têm claras e brilhantes e são chamados de espíritos de luzes. Os espíritos bons, que sabem, podem baixar suas vibrações pensando em como já foram no passado. Podem se modificar no que já foram e nunca no que ainda não conseguiram ser. Somos o que realmente conquistamos. Assim, conhece-se uma pessoa por seus fluidos, pelas cores de sua aura, pela energia que irradia, que envolve seu corpo espiritual e que é transmitida ao perispírito. Nos encarnados, essa irradiação envolve o corpo físico.

— *Xi! Esse cara veio apagar o Falcão! Interessante! Gorila precisa saber!* — gritou um deles que estava atento à conversa.

Josias assustou-se. E o que gritou gargalhou e explicou:

— *Gorila é o apelido de um desencarnado que odeia o Falcão, ele certamente vai gostar da notícia. Olhem quem chegou! Esse que acabou de chegar é Marcão, um desencarnado que está sempre com Falcão, trocam favores.*[3]

---

3 N.A.E.: Temos a companhia de afins. Encarnados malandros, ou até maus, quase sempre têm um ou mais desencarnados que, gostando de suas maneiras de viver, participam de suas orgias e maldades. Muitos desses desencarnados se denominam protetores. E trocam favores, da maneira deles, ajudam seus protegidos como também sugam suas energias viciadas. Marcão, com certeza, induziu Falcão a ir embora, a sair do bairro e foi junto. Normalmente, são unidos pelo egoísmo, ficam juntos somente por conveniência, mas às vezes se gostam realmente. Mas quase sempre seguem a regra: "Cada um por si".

Marcão aproximou-se e contaram a novidade a ele.

— *Seu companheiro encarnado está com o pé na cova!*

— *Esse encarnado é um matador de aluguel e foi contratado para apagá-lo.*

— *Logo será um mortinho como nós!*

— *É verdade? Não estão brincando?* — perguntou Marcão preocupado.

— *Não estamos!*

Marcão percebeu que Falcão estava nervoso, inquieto. Olhou bem para a dupla, Pedro e Josias, e percebeu que eram estranhos. Outro explicou:

— *Estão camuflados! São perigosos!*

Falcão saiu do bar, Marcão foi para um canto, escutou os comentários e saiu também. Ficou convencido de que Pedro era um profissional assassino e que Josias era um espírito muito trevoso, tanto que sua autoconfiança o fizera entrar sozinho naquele bar. Certamente era terrível e não devia confrontá-lo.

Josias não saiu de perto de Pedro e, quando eles saíram, nenhum desencarnado o seguiu. Eles não queriam se intrometer em assunto alheio em que poderiam ser prejudicados. A peleja não era com eles e se sentiram aliviados quando foram embora.

"São companheiros e não amigos! Quem tem a amizade no coração acaba adquirindo outros bons sentimentos. Um espírito que sente amizade procura se melhorar", pensou Josias.

Ficou próximo de Pedro, que andou por ali até se cansar. Josias pensou em Falcão e sentiu que ele ia fugir.

— *Ainda bem!* — exclamou tranquilizado.

E somente sossegou quando Pedro foi dormir.

7

A visita

Aproveitando que Pedro ia trabalhar por algumas horas, Josias foi a uma colônia, queria ir ao educandário saber notícias de Alexandre.

Volitou. Ao chegar à colônia, parou e observou-a. Não se cansava de admirar a cidade espiritual da qual era um dos seus moradores, embora, no momento, com a tarefa que fazia, somente a visitava. Olhou para seus muros altos.

"Foi necessário murá-la", pensou. *"Incomoda os imprudentes, os que não são merecedores de residir numa colônia. Aqui reina a paz, e os que ainda não se afinam com a honestidade, com*

a vontade de se melhorar, e os que não gostam de seguir os ensinamentos de Jesus nela não se encaixam. Os egoístas que não se adaptam, não querem o bem de outros, atacam as colônias, postos de socorro, pois se incomodam em saber que há lugares onde os que pensam e agem diferentes deles moram e são felizes."

Josias já tinha comunicado sua vinda, e sua presença estava sendo aguardada, parou em frente ao portão e examinou-o; achava lindos seus desenhos suaves. Uma caravana aproximou-se. Era uma equipe de socorristas que trazia alguns recém-desencarnados que viveram no Plano Físico de tal forma que mereceram ser acolhidos numa cidade espiritual. Josias os observou, os socorristas trajavam roupas parecidas com as que encarnados usam, mas sem luxo. Ele também se vestia assim, gostava, e no momento trajava calça bege e camisa azul-claro. Alguns dos socorridos estavam ainda sentindo o reflexo de seus corpos físicos; alguns vestiam roupas com as quais foram sepultados e outros, que estiveram muito doentes, estavam com vestimentas usadas para dormir ou com trajes de hospitais.

O portão se abriu, a caravana seguiu rumo ao hospital, onde deixaria os recém-chegados numa ala de recuperação. Ele caminhou contente desfrutando da beleza e da simplicidade da colônia.

— Que avenidas lindas! Que árvores acolhedoras! Que ar perfumado!

As pessoas o cumprimentavam e Josias respondia contente.

"Cumprimentos carinhosos são como presentes que gosto de receber", pensou.

O céu pode esperar

Teve vontade de parar para se sentar num banco de uma praça florida, mas tinha o que fazer e horário para retornar. Rumou para o educandário.[1]

Somente ver a colônia fazia alegre qualquer um que se afinasse como local, e no educandário essa alegria era redobrada.

— *Aqui é uma festa linda!* — exclamou Josias.

Crianças passaram por ele cantando.

— *Bom dia, senhor visitante! É um prazer recebê-lo! Que a alegria esteja com você! Bom dia!*

Josias as cumprimentou sorrindo feliz.

"Muitos pais não deveriam se preocupar ou sofrer tanto com a desencarnação de seus filhos jovens e crianças. Aqui eles são tão felizes!"

O educandário era enfeitado com plantas, flores, desenhos feitos por eles. O piso era colorido, e as crianças pulavam os mosaicos rindo e brincando. Parecia que o sol até brilhava mais naquele recanto de amor. Observou detalhadamente os pisos quadrados; teve vontade de pulá-los também, porém dirigiu-se para o local em que havia marcado o encontro.

Chegando à sala de atendimento, bateu de leve. Foi atendido por uma senhora de aspecto tão agradável e tranquilo que Josias teve vontade de ficar ali por horas somente observando-a.

— *Meu caro Josias, que prazer tê-lo conosco! Veio saber notícias de Alexandre?* — Como ele afirmou com a cabeça, a senhora continuou a falar: — *Ele está bem, já sabe que desencarnou,*

---

[1] N.A.E.: Rosângela descreve muito bem um educandário. Se o leitor quiser saber mais sobre esses lugares que abrigam crianças e jovens desencarnados, leia o livro *Flores de Maria*, da Petit Editora. Embora os educandários não sejam totalmente iguais, têm os mesmos objetivos: fazer felizes aqueles que desencarnaram com pouca idade no físico e orientá-los para o bem.

está dormindo dez horas por dia, já não se sente doente, brinca e conversa com os novos amiguinhos.

— Estou com dificuldades com o pai de Alexandre — explicou Josias. — Pedro quer morrer! Não quer se suicidar porque sabe que essa atitude é muito errada e que lhe acarretará muitos sofrimentos. Pensa em enganar a morte, como se ela fosse um ser, ou até a Deus. Queria que Alexandre me ajudasse. Se nosso menino estiver em condições de receber o pai e conversar com ele, talvez o faça mudar de opinião.

— Caro Josias — falou carinhosamente a orientadora do educandário —, você sabe que esses encontros são possíveis. Mas sempre esperamos que nosso abrigado se recupere e esteja bem. Nosso interno tem de se sentir preparado para uma visita de familiares. Além disso, o encarnado visitante deve se sentir conformado. Senão, é mais prejudicial que benéfico.

— Sei disso — concordou Josias. — Eu mesmo quis muito receber visitas quando desencarnei, insisti em receber minha esposa e, quando ela veio me ver, me fez acusações como se eu tivesse culpa de ter desencarnado e a deixado com algumas dificuldades. Choramos muito e fiquei muito triste. Mas, se Alexandre puder me ajudar, auxiliar o pai, acho que dará certo.

— Venha comigo, vamos vê-lo e saber sua opinião — convidou a orientadora puxando-o pela mão.

Atravessaram corredores enfeitados com pinturas alegres, escutavam-se músicas que transmitiam entusiasmo. Josias encantou-se de novo com o piso colorido formando desenhos, viu garotos pulando.

— Se quiser, Josias, pode pulá-los também — falou sorrindo a orientadora.

"Bem, quero, mas acho que não devo", pensou.

O céu pode esperar

— *Por que não? Todos nós temos uma criança dentro de nós, diria a você se estivesse encarnado. A alegria deve fazer parte de nossa vida.*

Josias ensaiou uns pulos, errou os passos; os garotos que pararam para olhá-lo riram e um deles o ensinou:

— *É assim: o pé direito nos quadrados, o esquerdo nos redondos e triângulos; nas outras figuras não pode colocar o pé, tem de pular.*

Josias tentou e acertou. Os meninos aplaudiram, riram contentes e ele lhes agradeceu. Continuaram a caminhar e ele foi admirando o local, que lhe pareceu perfeito.

Pararam em frente do quarto onde Alexandre estava; bateram à porta e entraram. Como todos os quartos do educandário, esse era pintado com cores claras, desenhos nas paredes, brinquedos espalhados. Ali estavam cinco garotos montando jogos e, quando Alexandre os viu, parou e aproximou-se.

— *Bom dia! Conheço o senhor, mas não sei quem é. Via-o quando meu corpo estava adormecido e o sentia ao meu lado.*

— *Sou Josias. De fato, quando você estava encarnado, estive ao seu lado tentando ajudá-lo.*

— *Muito obrigado!* — agradeceu Alexandre.

— *Alegro-me em vê-lo bem!* — exclamou Josias.

Olharam-se, sorriram e Josias resolveu falar logo o motivo de estar ali.

— *Alexandre, seu pai, meu amigo Pedro, está pensando em morrer para estar perto de você.*

Alexandre parou de sorrir e expressou preocupado:

— *Mas ele me prometeu não se suicidar. Meu pai cumpre o que promete.*

— Ainda bem, graças a Deus que Pedro pensa em cumprir a promessa. Mas ele está procurando um modo de desencarnar sem se suicidar, envolvendo-se em situações de risco.

— O que posso fazer? — perguntou Alexandre olhando fixamente para Josias.

— Quero trazê-lo para vê-lo. Quando ele adormecer, afastaremos seu perispírito do corpo físico e o traremos para visitá-lo — informou Josias.

— Legal! Ficarei contente! — exclamou Alexandre, que perguntou em seguida: — Dará certo? Meu pai se lembrará desse encontro quando acordar?

— Dependerá de muitos fatores — respondeu Josias —, algumas pessoas se recordam parcialmente dessas visitas; outras se confundem um pouco. Mas a maioria, depois desses encontros, sente-se menos saudosa e com a certeza de que seus afetos desencarnados estão bem. Você, Alexandre, pedirá a ele para ter cuidado e querer viver encarnado até quando chegar a sua hora de mudar de plano.

Combinaram detalhes e Josias voltou esperançoso e revigorado. Estar numa colônia nem que por pouco tempo é renovar energias e encher-se de entusiasmo. Sorria contente e sentiu-se motivado em continuar sua tarefa.

Naquela noite, quando Pedro, cansado, foi dormir, Josias aguardou os dois amigos trabalhadores do educandário, que viriam para ajudá-lo. E, quando chegaram, aproximaram-se da cama em que Pedro dormia.

— Pedro, venha conosco! — chamou Josias.

Pedro afastou-se do seu corpo físico, que adormecera no leito, e deu uma gargalhada.

— Quando isso acontece, acho graça! — expressou.

O céu pode esperar

— *Você, Pedro, é um espírito que veste esse corpo que fala agora comigo, que chamamos de perispírito, e, como está encarnado, tem outra vestimenta ainda, o corpo físico* — falou Josias tentando explicar.

— E este cordão? — indagou Pedro segurando o cordão prateado.

— *É um elo entre você-espírito e seu corpo carnal* — respondeu Josias.

— Quem é você e o que faz aqui na minha casa? — perguntou Pedro, desconfiado.

— *Somos amigos e viemos convidá-lo para ir visitar Alexandre, seu filho.*

— Não sei quem são, embora já tenha visto você por aqui. Mas isso não é motivo para me enganar. Meu filho morreu e foi para o céu e para lá ninguém vai vivo, somente morto.

— *Engano seu, Pedro, pode ir, levaremos você.*

— Mas não vou mesmo!

Josias não quis continuar com a discussão. Olhou para Pedro, que ficou um tanto confuso, e volitaram com ele.[2]

---

[2] N.A.E.: Encarnados devem mesmo se precaver ao receberem convites de desencarnados para excursões. Por isso é tão recomendável que se ore antes de adormecer e que se tenha bons pensamentos para usufruir de boas companhias se por acaso puderem se afastar do corpo físico. Não é sempre que os encarnados podem sair em excursões. E essas saídas dependem de muitos fatores. Uns saem mais; outros, menos; e alguns poucas vezes. Essas visitas, como as que Pedro fez, são raras. Elas são possíveis visando principalmente as necessidades dos envolvidos. Muitos saem do corpo físico sem ter consciência e, quando dão por si, já estão no local marcado. Quanto a lembrar, o cérebro físico pode confundir as lembranças, e uma grande parte acha que sonhou. Outros com conhecimento são gratos a esses encontros fraternos. A maioria somente tem uma sensação prazerosa. Esses encontros são possíveis pela imensa bondade do nosso Pai Criador, que não nos separa de afetos. Tudo é possível para aqueles que amam e creem.

Pedro, sem entender como, viu-se num jardim muito bonito, mas não teve tempo para admirá-lo. Seu olhar foi atraído para um banco em que viu Alexandre sentado. Emocionado, correu para o filho.

— Alexandre! Então aqueles três sujeitos não estavam me enganando? Trouxeram-me para vê-lo! Como está você, meu garoto?

— *Muito bem, papai. Aqui neste local melhorei, tenho brincado muito, corro pelos jardins e vou estudar.*

— Estudar no céu?! Você está feliz?

— *Sim, estou muito feliz* — respondeu Alexandre. — *Papai, o senhor veio aqui para que eu o lembre da promessa que me fez de não querer morrer.*

— Promessa que não esqueço e, não se preocupe, vou cumpri-la. Não me mato por nada! Não mesmo!

— *Que bom, papai, mas também não deve querer morrer. Estou sabendo que o senhor já tentou morrer sem se suicidar. Isso também é errado! Não deve!*

Pedro mexeu com a cabeça e mudou de assunto.

— Aline vai ter um bebê. Você será tio!

— *É mesmo? Que bom! Tio Alê! Genial! Como ela está passando?*

Pedro encabulou-se ao responder:

— Acho que bem...

— *É melhor prestar atenção, papai, ela sempre teve problemas nos rins. E mamãe? Como está?*

— Ela foi morar com... Bem, é melhor deixar isso para outro dia. Mônica está bem.

— *Papaizinho, por favor, lembre-se sempre da promessa que me fez e faça outra agora: não queira morrer nem sair por aí se arriscando. Prometa!*

O céu pode esperar

— Bem... Quero abraçá-lo! O céu é isto aqui? — perguntou Pedro tentando mudar de assunto de novo.

— *Aqui é um lugar maravilhoso onde ficam as crianças que têm o corpo físico morto. É muito lindo!*

Pedro abraçou o filho, choraram de alegria e emoção. Alexandre voltou ao assunto.

— *Papai, por favor, não queira morrer! Repita comigo: Não quero morrer!*

Pedro, sem muita vontade, repetiu e acordou falando:

— Não quero morrer!

Abriu os olhos, estava no seu quarto. Por um instante pensou que estava num jardim. Olhou o relógio, eram três horas da madrugada. Teve a sensação de que abraçava o filho.

— Que sonho lindo! Obrigado, meu Deus, por eu ter sonhado com meu filho. Parece que o abracei. Mas me pareceu que Alexandre estava preocupado comigo. Lembro-me de que ele me pediu para não esquecer da promessa. Ah, meu filho! Não esqueço! Não vou me matar! Mas pode me esperar que logo vou morar com você. Me aguarde, céu, logo vou estar aí!

Contente, virou para o outro lado e voltou a dormir.

— *Xi! Não adiantou!* — exclamou Josias.

Josias despediu-se dos dois trabalhadores do educandário que foram com eles e trouxeram Pedro em perispírito de volta ao corpo físico. Ele acordou, recordou o encontro achando que fora um sonho agradável.[3]

Pedro dormia e quando o fazia não dava trabalho a Josias, que foi para junto de seus amigos umbandistas com o quais

---

3 N.A.E.: Isso acontece muito. Desencarnados tentam ajudar encarnados com esses encontros. Alguns dão resultados; outros não. Escutamos e atendemos a quem queremos. Muitos, ao contrário de Pedro, não acordam ao retornar ao corpo físico após esses encontros.

também trabalhava — embora por menos horas, pois seu protegido estava lhe dando muitas preocupações.

Foi recebido como sempre, com carinho, e, ao ser indagado sobrecomo estava, Josias contou aos amigos e recebeu conselhos.

— *Fique atento e faça o que lhe for possível!*

— *Agora, Josias, venha conosco até o Umbral, temos um resgate a fazer* — convidou um amigo.

E lá foi Josias, que somente voltou quando Pedro estava para acordar.

— *Como o trabalho me é prazeroso, sinto-me outro, embora nessas excursões pelo Umbral vejamos muitas tristezas* — comentou.

Enquanto Pedro se preparava para ir trabalhar, Josias pensou no quanto gostava de ser um servo útil naquela casa, onde todos agiam como cristãos e seguiam os ensinamentos de Jesus: "Faça o bem sem olhar a quem". Era um local de amigos: os encarnados frequentadores se queriam bem e os desencarnados se tratavam como irmãos amorosos. Josias gostava muito quando podia assistir às reuniões dos encarnados, em que cantavam cantigas bonitas em louvor ao Criador, aos Orixás, a Jesus, a Maria e aos espíritos bondosos. Ali os necessitados dos dois planos, Físico e Espiritual, escutavam bons conselhos, incentivos e também eram alertados para não fazerem nenhuma maldade e da necessidade de fazer o bem.

Pedro acordou com saudades de Aline. Assim que chegou ao bar, pediu a Waldemar para usar o telefone e ligou para ela.

— Filha, você está bem?

— Sim, papai, estou bem, dona Luzia tem cuidado de mim. Estou inchando e com dores nas costas. Mas não é nada, são coisas de grávida.

— Filhinha, você tem certeza de que não precisa de nada?

O céu pode esperar

— Tenho, papai, não quero que se preocupe comigo.

Pedro contou o sonho para a filha.

— Aline, esta noite sonhei com Alexandre. Lembro que eu estava no meu quarto e três sujeitos agradáveis vieram me convidar para vê-lo. E, de repente, estava no céu, em cima das nuvens e lá tinha muitas flores. Alexandre estava lindo, sadio e corado, me abraçou forte. Acordei sentindo o seu abraço.

— Que bom, papai! Que sonho lindo!

— Também gostei!

Pedro começou a trabalhar disposto e mais contente.

8

O passado

Josias ficou sentado observando Pedro trabalhar e recordou o passado, período em que encarnados os dois estiveram com Alexandre.[1]

"Nasci e cresci numa fazenda grande, tinha uma família numerosa. Meu pai, quando doente, antes de desencarnar, repartiu suas propriedades. Recebi um lote, um sítio perto

---

1 N.A.E.: Essa encarnação que Josias irá recordar foi sua última, mas anterior de Pedro e Alexandre, que tinham outros nomes. Mas, para facilitar a leitura, iremos chamá-los pelos mesmos nomes. Denominações são passageiras, e a elas não devemos dar importância. O que temos realmente é o que conquistamos pelo estudo, trabalho e boas obras.

da cidade e fui para lá. Trabalhei muito e, com alguns empregados fiéis, construí casas, fiz horta, um pomar grande e uma pequena lavoura de café. Tinha gado, ordenhava as vacas e vendia o leite e as verduras na cidade.

Enamorei-me de Nana, a doce e trabalhadeira Maria Imaculada, que pertencia a uma família humilde e cuja mãe era negra. Casei-me, minha família foi contra, se meu pai estivesse encarnado, certamente nos teria separado. Por esse motivo afastei-me de meus familiares, não ficamos brigados, mas nos víamos raramente."

— Não me arrependo! — exclamou Josias, baixinho. — Nana foi uma grande companheira e fomos felizes juntos.

Olhou para Pedro, que continuava distraído limpando uma grande prateleira.

— Ele foi um grande amigo!

Voltou a recordar:

"Pedro era negro, ex-escravo do meu pai, vinte anos mais velho do que eu. Era esperto, trabalhador, honesto e fiel a nós, seus patrões. Por essas qualidades, meu pai o escolheu para vigiar seus filhos homens, ser um segurança, ou, como costumavam chamar, jagunço.

Desde pequeno, lembro-me de Pedro nos protegendo de brigas e evitando que fizéssemos algo perigoso. Parece que o escuto quando nos aconselhava: 'Não faça isso, sinhozinho, seu pai não vai gostar. Isso é perigoso! Não force o cavalo a correr tanto'. Foi um período prazeroso!", relembrou Josias para si mesmo, suspirando saudoso.

Sorriu, teve uma infância e uma juventude felizes. Josias continuou a recordar:

O céu pode esperar

"Pedro era jovem quando os escravos foram libertados. Ele permaneceu na fazenda como empregado. Foram poucos os escravos que saíram da propriedade de meu pai, pois lá eles eram bem tratados e não havia castigos.

Escutava desde pequeno histórias dos ex-escravos e da confusão que ocorreu quando da libertação. Muitos libertos ficaram sem saber para onde ir nem o que fazer. Grande parte dos senhores escravocratas não queria obedecer à lei. Mas, com o tempo, o tumulto passou, e os ex-escravos foram aprendendo a viver em liberdade. Muitos deles, no entanto, ficaram em situação difícil, vivendo de maneira pior, tentando arrumar empregos para sobreviver e nesses trabalhavam tanto como se ainda fossem escravos.

Quando meu pai desencarnou, convidei Pedro para trabalhar no meu sítio e ele aceitou. Era alegre e muito namorador; não quis casar e trocava muito de companheira.

Era Pedro que ia à cidade levar a produção do sítio.

Tive cinco filhos e um só menino, o mais velho, Alexandre, que era moreno, quase mulato, com os olhos verdes. Era muito bonito e desde pequeno gostava de acompanhar Pedro, que cuidava dele como se fosse seu filho.

Pedro, em uma de suas aventuras, teve um filho, e a mãe do menino foi embora deixando-o com ele. O menino foi criado junto com os meus filhos e era bem mais novo que Alexandre.

Alexandre ficou mocinho e ia com Pedro para todos os lados."

"Para mim, tudo estava bem! Mas os dois me esconderam o romance"— lembrou Josias suspirando.

Josias recordava o passado, e as cenas eram tão fortes em sua mente que o faziam suspirar, sorrir, exclamar e falar frases baixinho.

— Nana até que tentou me alertar.

"'Josias, nosso filho está apaixonado!'", continuou a recordar Josias. "'Se está namorando alguma moça, por que não nos fala? Será que tem algo errado?'

Com tantas coisas para fazer, nem prestei atenção ao meu filho, até que Pedro veio conversar comigo.

'Sinhô Josias, estou preocupado com o menino Alexandre. Ele está apaixonado por uma moça, a Margarida, mas o pai dela com certeza não irá permitir que namorem. Seu filho está sofrendo muito.'

'Mas como você deixou ele se envolver com alguém que não é do nosso convívio?', perguntei, indignado.

Pedro sorriu, pois sabia que a pergunta não tinha resposta. Ninguém consegue fazer com que o outro ame ou não.

'Conte-me tudo o que sabe', pedi.

Pedro contou procurando resumir os acontecimentos:

'Alexandre viu Margarida, que sempre ia fazer compras com a empregada. No começo, somente trocaram olhares; depois cumprimentos e frases e acabaram marcando encontros em locais escondidos. O pai dela, pessoa importante, já lhe tinha arrumado um noivo de família amiga, que também era rico.'

Ao saber quem era o pai de Margarida, compreendi que aquele namoro era impossível. Aquele homem nunca iria permitir que uma de suas filhas se casasse com alguém descendente de negro, que era moreno e filho de um pequeno sitiante.

'Os dois se apaixonaram', continuou Pedro a contar, 'e trocaram juras de amor. É com essas juras que estou preocupado, sinhô. Juraram se amar para sempre e se o pai dela os separar, impedir de ficarem juntos, eles se matam.'

'Meu Deus!', exclamei apavorado.

O céu pode esperar

Fiquei muito aborrecido e preocupado e contei à minha esposa. Até tentamos achar um modo de ajudá-los.

'E se ajudássemos os dois a fugir?', perguntou Nana.

'Para onde?', indaguei. 'O pai dela, que tem fama de rancoroso e cruel, os acharia e os mataria. Depois, não temos dinheiro para mandá-los para longe. E como tirar Margarida da casa dela?'

Conversamos com Alexandre e percebemos que nosso filho estava muito enamorado. Tentamos, então, persuadi-lo a esquecer. Não obtivemos sucesso. Tivemos medo pelo nosso filho e pelo que poderia acontecer com os dois apaixonados.

O pai dela acabou descobrindo, trancou-a dentro de casa, apressou seu casamento, marcando a data, e agiu com violência. Mandou seus homens, jagunços, esperarem Alexandre e Pedro e atacá-los no caminho, quando voltassem da cidade para o sítio. Eram cinco homens fortes; os dois até que se defenderam, mas ficaram muito machucados.

Nana chorou muito ao ver os dois chegarem ao sítio muito feridos. Além disso, todo o dinheiro que receberam com a venda dos produtos foi roubado. Compreendi que meu filho sofria mais moralmente do que pelos ferimentos. Alexandre estava desesperado por não conseguir mais ver a sua amada e por saber que logo ela se casaria com outro.

Como todos os enamorados, acharam um modo de se comunicarem. Uma empregada de confiança de Margarida trouxe para Alexandre uma carta de amor em que ela se despedia dele.

Tentei consolar Alexandre, ajudá-lo para que não sofresse tanto.

'Papai', declarou Alexandre, 'amo Margarida. Acho que sempre a amei e amarei pela eternidade.'

'Filho', argumentei, 'você é jovem, e essa paixão, tão natural na sua idade, passará como chuva forte de verão. Você a esquecerá e logo estará amando outra.'

'Nunca!', afirmou Alexandre convicto. 'Somente irei amá-la. Papai, nosso amor é lindo! Nascemos um para o outro! Margarida é meiga, bela e penso nela em todos os momentos em que estou acordado e, quando durmo, sonho que estamos juntos. O senhor não pode imaginar como recordo os nossos encontros. Amei-a assim que a vi, meu coração disparou quando ela sorriu para mim. Pensei que estava sonhando quando aceitou encontrar-se comigo.'

'Mas Margarida despediu-se de você! Essa carta é clara! Se ela compreendeu que o melhor é vocês se separarem, você também deve entender.'

'Essa é uma despedida diferente! Ela disse que me ama e, como eu, me amará pela eternidade.'

Eu tinha lido a carta. Era uma linda missiva de amor em que ela prometia amá-lo para sempre e no final uma frase que somente entendi mais tarde. "Alexandre, nos encontraremos no céu, aí então seremos felizes."

'Eternidade é muito tempo. Esse amor passará. Sei que você está sofrendo. Sofrer por amor faz parte da vida. Você não é o primeiro nem será o último', tentei ainda convencê-lo.

'Está bem, meu pai, não se preocupe. O senhor deve ter razão. Isso passará!'

Alexandre pareceu mais resignado, e, embora triste com o sofrimento do meu filho, achei que ele acabaria por esquecê-la.

Mas Nana continuou muito preocupada e com medo de que nosso filho cometesse algum ato perigoso. Achou que ele poderia *ir à casa de Margarida e o pai dela mandar surrá-lo de novo. Pediu para Pedro vigiá-lo.*

Mas a tragédia aconteceu. Perto do sítio em que morávamos, na fazenda vizinha, havia um rio caudaloso e, num ponto entre montanhas, formava-se um pequeno lago, com águas profundas, onde muitos homens da região costumavam pescar. Alexandre disse que ia pescar para se distrair e Pedro foi junto. Mas seu vigia estava interessado numa mulher que morava ali perto e resolveu, incentivado por Alexandre, visitá-la enquanto ele pescava. Depois da visita, Pedro voltou ao local onde estaria meu filho. Viu somente a canoa no meio das águas. Gritou por ele mas ninguém respondeu. Apavorado, gritou desesperado e logo aproximaram-se algumas pessoas que trabalhavam por perto. Um menino informou que vira Alexandre entrar na canoa com uma pedra enorme e percebeu também que ele tinha uma corda.

'Meu Deus!', exclamou Pedro. 'Ele trouxe mesmo uma corda, disse que queria amarrar a canoa na outra margem. O que será que esse menino fez?'

Quis pular na água, mas não sabia nadar e alguém teve o bom senso de segurá-lo. Logo trouxeram outra canoa e Pedro foi com outros dois homens até a que Alexandre usara. Estava vazia. Havia somente um bilhete, um pedaço de papel, embaixo de uma pedra pequena. Um dos homens leu-o em voz alta:

'Papai, mamãe, Pedro, me perdoem. Cumpro meu juramento.'

Não assinou, mas a letra era de Alexandre.

Pedro desesperou-se e inconformado chorava alto. Homens mergulharam e encontraram Alexandre no fundo do lago amarrado pelos pés a uma grande pedra. Vieram me avisar.

Vera Lúcia Marinzeck de Carvalho do espírito **Antônio Carlos**

'Alexandre sabia nadar e preferiu amarrar a pedra para ter certeza de que de fato afundaria', expressei, triste.

Mesmo depois de tantos anos terem se passado, aquelas lembranças me entristeciam. Recordações marcantes são assim mesmo: levam-nos a sorrir e às vezes nos entristecemos tanto que choramos.

E, como sempre em situações assim, os familiares se culpam, Pedro o fez ainda mais. Estava encarregado de vigiá-lo e descuidou-se.

'Nós não o culpamos', dissemos-lhe muitas vezes.

Pedro amou demais Alexandre e ele o enganou. Sofremos muito.

Três dias antes do casamento de Margarida, ela sumiu. Ninguém sabia dela, vasculharam o lago, não acharam o corpo. Todos acharam que a moça havia se suicidado, cumprindo a imprudente jura de amor.

Famílias enlutadas, sofridas, o pai dela arrependeu-se, chegou até a me pedir perdão. Eu, naquela época, disse que não o perdoava. Mas o tempo passou e voltamos a conversar e o perdoamos. Afinal, sofremos muito.

Pedro se abateu demais. Tornou-se quieto, triste, trabalhava muito e alimentava-se pouco. Dizia sempre: 'Alexandre morreu pelo meu descuido! Sou culpado! Devo ainda cuidar dele!'

Pedro ficou doente. Pela região, muitas pessoas estavam enfermas, uma febre alta era a causadora de algumas mortes. Cuidei dos doentes do meu sítio e de Pedro com todo o carinho. Sentindo que ia morrer, Pedro pediu-me:

'Sinhô, acho que vou morrer. Cuide do meu filho, por favor. Vou cuidar do seu. Dizem que quem se suicida vai para o inferno. Morro e vou para lá e cuido de Alexandre. Vou fazer meu serviço direito, desta vez não falharei. Cuidarei dele, prometo!'

'Vou criar seu filho como se fosse meu. Morra em paz!', prometi, emocionado.

Pedro desencarnou, e cuidei do seu filho, que cresceu forte e tornou-se um homem de bem. Desencarnei velho e, quando vim para a espiritualidade, quis saber de Alexandre e Pedro. E foi Nana, que já estava desencarnada havia mais tempo, quem me deu notícias:

'Josias, meu marido, Pedro está reencarnado e Alexandre agora é seu filho. Nosso menino é um nenê. Esse grande amigo cumpriu a promessa que lhe fez, assim como você cumpriu a sua. Cuidou, e cuida de Alexandre. Vou lhe contar tudo o que aconteceu. Margarida não se suicidou. O noivo dela também não queria casar, amava outra moça, uma prima dele. E foi essa moça quem a ajudou a fugir. Como estava hospedada na casa de Margarida para o casamento, ela planejou tudo e a auxiliou a fugir somente com a roupa do corpo. À noite, Margarida pulou a janela, um empregado do seu noivo a levou a cavalo até outra cidade e de lá, de charrete, viajou dois dias e foi para um convento. Quatro dias depois foi com outras freiras para outro país. Anos depois, Margarida chegou a escrever cartas para os pais, mas eles não as receberam. Como ela não obteve resposta, achou que não fora perdoada e não escreveu mais.'

Nana fez uma pequena pausa e continuou a me informar:

'Assim, Josias, Margarida não morreu. Ela sofreu muito com o suicídio de seu amado, pensou até em se matar, mas não teve coragem. Tornou-se religiosa, foi muito caridosa e orou muito por Alexandre. E, como você sabe, o noivo de Margarida, depois de meses do seu desaparecimento, casou-se com essa moça, sua prima; eles se amavam.'

'Os dois, meu amigo e meu filho, estão vivendo em outros corpos! Então o castigo eterno não existe?', perguntei.

Vera Lúcia Marinzeck de Carvalho do espírito Antônio Carlos

'Não, Josias, Deus não castiga seus filhos. Esse castigo cruel eterno não existe. Acreditávamos de maneira errada. Basta analisar para compreender que Deus é bondade imensa e não faria isso a nenhum de nós. Porém, o suicídio é falta grave. Alexandre sofreu muito, ficou por anos num local chamado Vale dos Suicidas, onde se sentia sufocado. Pedro, ao desencarnar, ficou confuso e queria ir para perto de nosso filho, mas não sabia como. Numa reunião espírita, em que várias pessoas se reuniam para orar, doutrinar e esclarecer desencarnados, nosso amigo foi orientado. Ele tinha sido visto a vagar pelo sítio por um de seus membros, um médium vidente, que o conduziu até a reunião. Socorrido, foi abrigado num posto de socorro onde compreendeu que para auxiliar necessita-se saber. Preocupado em ajudar Alexandre, esforçou-se em aprender e logo se tornou útil. Todas as suas horas de folga, passava com nosso filho. As orações de Margarida e o carinho de Pedro fizeram com que Alexandre se arrependesse e implorasse pelo socorro, que veio. Nosso menino foi levado para um hospital próprio para suicidas. Pedro transferiu-se para lá e cuidou dele.'[2]

'Temos de ser gratos a Pedro!', exclamei.

'Sim, somos gratos. Josias, nossos atos, sejam eles bons ou maus, são nossos, e as consequências deles refletem-se em nós mesmos. Pedro agiu com bondade e amor para com nosso menino, que agora é filho dele, e esse aprendizado fará com que

---

2 N.A.E.: Na maioria dos suicidas, ficam as sequelas, as consequências de seu ato imprudente. Alguns conseguem ter uma compreensão maior para tentar reparar esse erro que cometeram contra si mesmos, contra um corpo que receberam para estar encarnados e fazer o bem ao próximo. Mas têm necessidade de um aprendizado em que o sofrimento ensina a dar valor ao veículo que o espírito usa para se manifestar no Plano Físico. Assim, Pedro planejou e reencarnou para receber Alexandre como filho, sabendo que ele iria adoecer e desencarnar jovem. Pedro primeiro pensou em fazer isso pela promessa que fizera a Josias, mas compreendeu que amava Alexandre como filho e, por amor, queria-o perto de si.

ele amplie esse amor e faça o bem a mais pessoas. O amor é uma joia de rara beleza. E quem aprende a amar de forma verdadeira e sem egoísmo tem um tesouro que o acompanhará para sempre. Nosso amigo terá nossa gratidão e com certeza poderemos ajudá-lo quando necessitar.'

'Existem regras para esse auxílio?', perguntei.

'Sim', respondeu Nana, 'não podemos fazer a lição que cabe ao outro para seu próprio aprendizado. Mas podemos orientá-lo, aconselhá-lo e estar perto para consolá-lo.'

Adaptei-me logo ao Plano Espiritual, aprendi muitas coisas, passei a ser útil e sempre visitava Pedro e Alexandre.

Margarida também tinha desencarnado, fazia cinco anos que estava na espiritualidade. Ela foi socorrida assim que seu corpo físico terminou sua função. A primeira coisa que quis saber foi de Alexandre, seu grande amor. Agradecida pela imensa bondade do Criador, que dá a todos seus filhos a chance de regenerar-se, deu graças por Alexandre estar tendo outra oportunidade e passou a estar com ele sempre que lhe era possível quando este se achava encarnado. Foi visitá-lo no educandário e ele ao vê-la não a reconheceu, mas sentia que era alguém a quem queria bem. Ficaram amigos."[3]

---

[3] N.A.E.: Dificilmente um recém-desencarnado sabe de imediato sobre suas vidas passadas. Para isso acontecer, é necessário um motivo forte. Algumas pessoas se recordam quando encarnadas de suas outras existências e essas lembranças são mais fortes e com detalhes na espiritualidade. Alguns reencarnam sem essas recordações. Necessitamos estar estruturados para certas lembranças, como as de Alexandre, que incluíam o suicídio e cenas de muito sofrimento. Ele somente irá saber quando estiver preparado e essas recordações não o prejudicarem mais e não atrapalharem seu progresso. Josias, Nana e Margarida são para Alexandre pessoas com as quais simpatiza, amigos que amará e de quem receberá amor. Ainda, infelizmente, temos de ter motivos para querer amar alguém, mas com certeza aprenderemos um dia a amar a todos, conforme Jesus nos ensinou.

9

O trabalho voluntário

Josias voltou a prestar atenção em Pedro, esquecendo suas recordações, quando escutou Waldemar gritar:
— Pedro! Telefone para você! É do hospital!
— Hospital?! — perguntou ele confuso.
Achou por instantes que algo tinha acontecido com Alexandre. Porém, lembrou que seu filho havia morrido... Atendeu.
— Sim, senhora, vou amanhã cedo. Obrigado!
Waldemar parara de trabalhar e ficou ao lado tentando, curioso, escutar e pensou:
"O que será que o pessoal do hospital quer de Pedro?"

— A assistente social da ala infantil do hospital pediu para eu ir lá que o doutor Édio quer falar comigo. Vou amanhã cedo, às oito horas. O que será que eles querem? — falou Pedro preocupado a Waldemar.

— Não deve ser nada importante — opinou Waldemar. — Talvez você tenha de assinar algum documento, ou ficou lá algum objeto de Alexandre e eles querem devolver.

— Deve ser isso — concordou Pedro mais aliviado. — Realmente, lá ficaram objetos do meu filho, como a guitarra, os jogos, os brinquedos, que doei para o hospital.

— Às vezes, para fazer essas doações é preciso assinar papéis — concluiu Waldemar.

— Não queria voltar ao hospital. Com certeza, vou ficar muito triste! — exclamou Pedro.

— Seu filho não está mais lá, mas os amiguinhos dele estão. Vá amanhã e resolva de uma vez.

— Vou sim. Todos os que trabalham lá são pessoas boas, sempre nos trataram bem, me deixavam entrar fora do horário de visita.

No outro dia, Pedro foi, e Josias o acompanhou.

Na portaria, pediram para que fosse à sala do doutor Édio. Pedro, ansioso, esperou-o na sala ao lado. Lembrou-se das vezes que ali aguardou o médico para saber do filho. Quis tanto ouvir que seu menino se curaria, mas em cada encontro diminuíam as esperanças.

A porta se abriu e doutor Édio o recebeu com um sorriso de boas-vindas.

— Pedro, entra! Como está?

O céu pode esperar

— Bem, obrigado, e o senhor? Mandou me chamar? Algo para assinar? Os objetos de Alexandre, doei-os e...

— Pedro — interrompeu o médico —, estou bem, obrigado. E o nosso trabalho aqui está como sempre. Necessitamos de voluntários! Nossas crianças precisam ser alegradas. Por que não voltou mais? Sentimos sua falta.

— Doutor Édio, vinha aqui pelo meu filho e...

— Quero lhe pedir para voltar a nos visitar. Os garotos têm perguntado por você. Vá vê-los!

— Acho que não sou capaz! É difícil entrar no quarto dos garotos e não ver Alexandre — expressou Pedro comovido.

— Posso lhe garantir que não será difícil. Você vai conseguir! Você os conquistou pelo carinho, e amigos não devem ser abandonados. Vá — pediu o médico.

Pedro levantou-se, despediu-se do doutor Édio com um aperto de mão e andou pelos corredores sentindo o coração bater acelerado. Encontrou com enfermeiros, com o pessoal da limpeza. Cumprimentaram-no com afeto.

— Pedro, que bom que veio! As crianças sentem sua falta!

— Alegro-me por vê-lo! Alexandre com certeza está orgulhoso do pai que tem — falou a assistente social ao vê-lo.

— Você acha que meu filho vê o que faço? — perguntou Pedro.

— Bem... não sei! O doutor Édio acha que sim. Se Alê o vir ou ficar sabendo que está visitando seus amiguinhos, ficará com certeza feliz — a moça tentou explicar.

Pedro, emocionado, entrou na enfermaria em que seu filho estivera por tantas vezes e por tanto tempo.

— Bom dia, garotada! — cumprimentou Pedro falando em tom alto.

— Ora, é o cara de melão! Bom dia, amigo voluntário! — respondeu César.

Quase todos os internos o conheciam e os abraços foram apertados.

— Pedro, escute! Fiz uma rima para você — disse Rodrigo. — Pedrão, você comeu carvão, por isso ficou negro como tição! Desculpa pelo carvão, mas não achei outra palavra para rimar.

Risadas. Pedro se apresentou aos outros, recitou algumas estrofes que não rimaram, e os garotos riram. Tocaram guitarra e cantaram; outras crianças vieram, acomodaram-se no quarto e participaram das brincadeiras. Pedro ajudou-os a se alimentar no horário do almoço. Meio-dia, Pedro despediu-se prometendo voltar todos os dias pela manhã. Pedro foi embora tranquilo, gostou de estar novamente com as crianças. Seu filho não estava mais ali doente e sofrendo, mas os filhos de outros estavam.

— Vou voltar! — Pedro afirmou decidido.

— *Por que não pensei nisso antes?* — expressou Josias, falando alto. — *Esse meu amigo com certeza não terá mais vontade de morrer, ocupando seu tempo nesse maravilhoso trabalho voluntário. E espero que ele não arrume mais confusões.*

Pedro contou entusiasmado para Waldemar o encontro com os garotos.

— Foi bom revê-los! Vou voltar todas as manhãs. Nesse horário, tem poucos voluntários. Acordo cedo, vou ao hospital, depois venho para cá, à noite arrumo a casa e lavo as roupas.

— Você está agindo certo! — opinou Waldemar.

— O trabalho voluntário — explicou Pedro — é importante tanto para quem o faz como para os que o recebem. Aquelas

O céu pode esperar

crianças ficam lá no hospital sem fazer nada e não é bom curtir a doença. Elas sofrem com as dores, pela ausência dos familiares e dos amigos, gostam de visitas, de conversas alegres, de cantar e de brincar.

Duas semanas passaram-se tranquilas. Pedro trabalhava demais; no bar, fazia seu trabalho bem-feito, era organizado e deixava o local limpíssimo. À noite, embora cansado, cuidava da casa. Estava, por esse motivo, alimentando-se e dormindo bem.

E, lá no hospital, todas as manhãs, reunia muitas crianças numa enfermaria ou numa sala, onde cantavam, riam e conversavam. Conduzia o assunto para temas engraçados e falava que necessitavam ter entusiasmo e esperança.

— Robertinho, você está triste! O que aconteceu? — perguntou Pedro a um garoto.

— É que o patrão de minha mãe não deixa que ela venha me ver. Tenho saudades dela. Somente a vejo na segunda-feira.

— Mas sua avó vem sempre, não é? — indagou Pedro.

— Vem sim. Sempre morei com vovó para mamãe trabalhar. Amo as duas — explicou o menino.

Pedro, depois que se despediu dos garotos, foi conversar com a assistente social e perguntou sobre Robertinho.

— Não consta o nome do pai no registro dele. A mãe trabalha num bordel, é garota de programa.

Pedro ficou com pena e resolveu auxiliar Robertinho, e Josias ficou preocupado. O bordel em que a mãe do menino, Noêmia, trabalhava era um local perigoso; o dono, um sujeito de má fama e violento. Pedro ficou pensando em como ajudar. E achou um jeito. Um dos doentinhos, Leonardo, o Leo, com câncer no estômago, estava num quarto particular. Pedro passava todos os dias pelo quarto e o levava para onde ia reunir-se com os outros. Leo era filho de um homem rico, e todos comentavam que o sujeito estava envolvido em negócios escusos, tráfico, jogos clandestinos e sabe-se lá o que mais.

Leo, como todos os garotos, falava de si, da família para Pedro e por isso ele soube que o pai dele queria conhecê-lo de tanto que o menino falava dele. Esse senhor ia todas as tardes ao hospital.

— Waldemar — informou Pedro —, amanhã preciso ficar mais tempo no hospital para resolver um problema. Virei mais tarde para o bar e farei o serviço.

— Tudo bem, Pedro, você nem é meu empregado. Acho que já me pagou. Quero lhe pedir para ficar me ajudando até que Lair volte. Pago-lhe um ordenado.

— Não posso lhe negar um favor. Aceito! Assim pago minhas dívidas mais depressa — aceitou Pedro.

Pedro comeu um lanche no horário do almoço e ficou brincando com as crianças até que viu o pai de Leo chegar num carro importado e com seguranças.

"É rico, importante, e o filho é doente! Sofre igual ao pobre!"

Bateu na porta do quarto de Leo e, quando esta se abriu, Leo, ao vê-lo, gritou contente:

— Pedrão, cara de jamelão! Entre! Este é meu pai!

Apresentaram-se, e o homem falou:

— Pedro, muito obrigado! Leo fala muito de você, das brincadeiras que promove. Você teve um filho doente, não é?

Conversaram por minutos e Pedro pediu:

— Senhor, por favor, venha comigo ao corredor, quero lhe falar.

O céu pode esperar

O pai de Leo pensou por instantes; desconfiado, abriu a porta e olhou pelo corredor. Fez sinal para Pedro sair primeiro, fechou a porta e ficou encostado na parede.

— Fale! — pediu.

Pedro falou rápido:

— Senhor, temos na enfermaria um garoto, o Robertinho, cuja mãe trabalha num bordel... e seu patrão não a deixa vir ver o filho. Quero auxiliá-los, mas acho que preciso da ajuda do senhor. Será que não me pode dar um conselho de como agir para deixar Robertinho mais contente?

— Claro que conheço o dono desse bordel, não é meu amigo mas também não é inimigo. Não nos intrometemos nos negócios um do outro. Mas, como estou com um dos meus filhos doente, comovo-me com essa história. Sem me intrometer, como posso lhe ajudar?

— Não pensei em envolvê-lo — disse Pedro. — Somente quero saber como faço para que ele me receba, quero ir lá e falar com o sujeito.

— Bem...

O pai de Leo ficou quieto, pensando, até que falou com expressão de quem achara a solução:

— Telefone à noite para este número — escreveu num pedaço de papel. — Diga para o sujeito, o dono do bordel, pois será ele quem atenderá, que alguém do L.O.W. irá se encontrar com ele amanhã às dezesseis horas para uma conversa. E você, Pedro, venha bem-vestido, de camisa de manga longa. Irá no meu carro e com os meus seguranças encontrar-se com ele. Não fale muito no encontro. Diga somente que sabe das coisas e de H.Y.O. E que quer que ele libere Noêmia e se possível todos os dias à tarde. Você não precisa entender essas siglas. E não diga que fui eu quem lhe deu essas informações.

— Dará certo? — perguntou Pedro.

— Você disse que quer tentar, mas, se quiser desistir, esqueçamos. Ele é violento, briguento e muito perigoso — informou o pai de Leo.

— Ele pode me matar? — indagou Pedro se animando.

— Não se ele achar que você é alguém importante, amigo do L.O.W.

— Não quero nem saber quem são esses sujeitos. Como também não quero prejudicá-lo. Eles poderão até me matar, mas não menciono seu nome. O senhor está sendo bondoso conosco. Sua ajuda fará com certeza Robertinho e a mãe felizes.

— Pedro, você não conhece nossos negócios — falou sorrindo o pai de Leo. — Não estou lhe dizendo nada que muitos não saibam. Temos um chefão importante, um homem que recebe porcentagem dos nossos negócios, que não sabemos quem é. L.O.W. é uma senha e muitos sabem que o chefe é chamado assim.

Pedro foi embora esperançoso. Com certeza, ele iria ajudar Robertinho a ver mais a mãe e, se tivesse sorte, o sujeito o mataria e iria para o céu, para perto do filho.

Acertou com Waldemar que chegaria mais tarde também no outro dia. À noite, foi à central telefônica e discou para o número que o pai de Leo lhe dera. Falou com tom autoritário assim que o sujeito atendeu:

— L.O.W. está mandando um representante falar com você amanhã às dezesseis horas.

Ao escutar, o sujeito respondeu "Está bem" e desligou.

O céu pode esperar

No outro dia, colocou a melhor roupa que tinha e foi para o hospital. E os garotos ao vê-lo se admiraram e fizeram algumas rimas, como esta:

— O Pedrão está bem-arrumado, parece um presente enfeitado!

No horário marcado, Pedro foi ao quarto de Leo. O pai dele disse:

— Pode ir, Pedro, meus empregados o estão esperando.

— Muito obrigado! — agradeceu Pedro e, virando-se para Leo, disse: — Leo, você tem um pai maravilhoso! Ele está me fazendo um grande favor.

— Fico contente, Pedro! — exclamou o menino. — Estou feliz por papai ajudá-lo. Você é meu amigo e gosto de você!

O pai dele sorriu por escutar isso do filho. Valera a pena ajudar aquele maluco.

O carro era diferente do que Pedro vira na véspera, e dois homens armados o acompanharam ao local do encontro, o bordel. Escutando a conversa dos dois, Pedro entendeu que o carro que usavam fora roubado pela manhã em outra cidade.

Pararam o carro e um deles mostrou a Pedro um prédio de construção moderna com um grande letreiro que indicava ser uma boate. Parecia não haver ninguém naquele horário ou que estava fechado.

— É aqui — falou o outro acompanhante. — Você irá sozinho. Abra a porta do carro e feche-a rápido. Não é bom que nos vejam. Volte como combinado em quinze minutos. Esperamos você por meia hora; se não voltar, iremos embora. Toque a campainha naquela porta pequena ao lado esquerdo. Boa sorte!

Os vidros do carro eram escuros e não dava para ver quem e quantos estavam dentro. Pedro abriu a porta, saiu rápido, dirigiu-se para a entrada indicada.

A porta foi aberta logo após o primeiro toque de campainha.

— Entre!

Pedro entrou, olhou admirado o local. Nunca tinha ido a uma boate ou bordel. A casa era luxuosa; percebeu que era observado, caminhou tranquilo.

"Eles me olham com cara de poucos amigos", pensou.

Sabia, por ouvir comentários, que o crime organizado era forte na cidade. Muita gente tinha conhecimento dessa organização, comentavam que pessoas importantes, ditas honestas, faziam parte dela ou lhe davam proteção.

Atravessou dois corredores seguindo um homem e percebeu que outros dois estavam atrás dele. Pararam diante de uma porta, o que o ciceroneava bateu de leve, abriu e ordenou novamente:

— Entre!

Os três entraram com ele numa sala e não esconderam que estavam armados.

— O chefe já virá atendê-lo — informou um deles.

De fato, segundos depois, uma outra porta se abriu e entraram três homens e um deles sentou-se à frente de uma escrivaninha. Como ninguém convidou Pedro a sentar-se, ele ficou de pé. Observaram-se.

— L.O.W. agora manda negros conversar conosco?

Pedro não respondeu, apenas olhou-o de forma desafiadora. Um outro entrou na sala, cochichou ao que estava sentado, que Pedro deduziu ser o chefe. Escutou:

O céu pode esperar

— O carro é roubado e não dá para ver quantos estão lá dentro.

O sujeito sentado acendeu um cigarro; aparentava ter uns quarenta e cinco anos e era careca. Virou-se para o visitante e perguntou:

— O que você quer?

— Muitas coisas! — respondeu Pedro sorrindo.

O homem bateu a mão com força na escrivaninha, os outros cinco ficaram em alerta e espantados diante da ousadia do visitante.

— Mas venho aqui por uma e a quero! — falou Pedro tranquilamente, colocando as mãos na escrivaninha e olhando para o dono do bordel.

— Você está em condições de exigir? — perguntou o chefe.

— De L.O.W., muitos sabem.

— E de H.Y.O.? — perguntou Pedro.

Pedro percebeu que mudaram de expressão. Fez-se tal silêncio na sala que até era possível ouvir os mosquitos voando. O chefe amassou o cigarro no cinzeiro, olhou novamente para Pedro, que o encarou desafiando-o.

— O que quer? — indagou o dono do bordel em voz baixa.

— Quero que Noêmia, uma de suas garotas, possa sair todas as tardes.

O chefe suspirou aliviado, pois achava com certeza que aquele estranho visitante fosse lhe pedir dinheiro, algo difícil, e ele pedia uma mulher.

— Ah, sim! Não quer uma outra mais jovem e bonita?

— Não! E que não seja descontado em seus honorários, que não seja seguida. O que ela irá fazer nessas horas não deve ser de sua conta. Entendeu? Tudo certo?

— Sim, claro! — respondeu o chefe, engolindo a saliva, demonstrando estar raivoso e indeciso.

— Amanhã a quero livre. Ela não sabe de nada nem deve saber. E se acontecer algo com Noêmia de que eu não goste... — Pedro falou autoritário.

— Certamente que não irá acontecer nada com ela! — falou depressa o proprietário do local.

Pedro os olhou, virou-se e saiu da sala, atravessou os corredores sem olhar para trás ou para os lados; abriu ele mesmo a porta da saída e entrou rápido no carro.

— Podemos ir embora! — disse ele aos dois que o aguardavam.

O carro saiu em alta velocidade.

— Preste bem atenção, veja se não estão nos seguindo — disse o motorista ao outro companheiro e explicou a Pedro: — O patrão nos mandou deixá-lo na frente de uma loja movimentada no centro da cidade. Deve descer rápido do carro, entrar nessa loja caminhando ligeiro mas sem demonstrar nada de estranho; vá a um banheiro, troque sua camisa por uma camiseta que está nesta sacola e coloque o boné, saia pelo outro lado, pegue um ônibus e vá para casa. Não precisa devolver a camiseta. Vamos deixar este carro em algum estacionamento. O patrão pediu para lhe dizer para esquecer isso tudo. Não deve contar a ninguém.

— Nunca iria trair alguém que me ajudou. Já esqueci. Obrigado, moços!

No local indicado, Pedro pegou a sacola, saiu do carro e fez tudo o que lhe foi recomendado e foi para o bar, pois iria trabalhar até que Waldemar fechasse o estabelecimento.

"Tomara que dê certo e que Noêmia possa ver mais vezes Robertinho. Mas que pena, eles não me mataram!", pensou Pedro suspirando.

Ele não sabia se ficava decepcionado e triste por não ter morrido ou alegre por ter ajudado um garoto doente.

Josias, que acompanhava seu protegido, ficou apreensivo com seus planos. Sabia que o pai de Leo e o patrão de Noêmia eram bandidos que não hesitavam em matar. Quando Pedro foi pedir ajuda ao pai de Leo, o sujeito não quis se envolver diretamente. Como estava fragilizado com a doença do filho, comoveu-se ao saber que o outro garoto também sentia a falta da mãe. A genitora de Leo havia desencarnado, e a atual esposa de seu pai não ligava muito para ele. Achou que aquele homem que lhe pareceu maluco podia tentar ajudar o garoto. Mandou então seus homens roubarem um carro com vidros escuros na cidade vizinha e irem para o hospital e levar Pedro para conversar com o dono do bordel. Ele, o pai do garoto enfermo, também não conhecia o chefe supremo do crime na cidade. Sabia que ele existia e muito se falava dele, até que era negro. E H.Y.O. era uma senha conhecida somente por alguns dos subchefes locais. Com certeza, o dono do bordel não iria comentar esse episódio com ninguém. O chefe supremo, como era chamado, não iria saber, mas, se soubesse, com certeza não daria importância, pois o pedido era insignificante. Se algo desse errado, eles matariam Pedro. Quando o grupo foi ao encontro, o pai de Leo arrependeu-se por colocar alguém em perigo. Mas como não ajudar um amigo do filho? Ele fazia tudo o que podia por Leo. Ficou aliviado quando seus homens informaram que dera certo.

Quando chegaram ao bordel, Josias viu que lá estavam muitos desencarnados curiosos, que observavam Pedro. Eles nada fizeram. Josias viu que todos que ali estavam, vestindo ou não corpo carnal, tinham a aura de cores carregadas pelos vícios e que alguns eram assassinos. Ninguém viu Josias, somente conseguiriam vê-lo se ele quisesse, se abaixasse sua vibração. Os espíritos que ali estavam viam somente outros como eles e os encarnados.

Josias ficou atento, percebeu que o patrão de Noêmia pensou em dar uma lição no intrometido que ousou importuná-lo, mas, quando ele mencionou a sigla H.Y.O., mudou de opinião. Pensou preocupado que lhe seria exigido mais dinheiro, mas ficou aliviado quando o homem pedira apenas uma de suas empregadas.

Quando Pedro saiu da casa, os desencarnados não se aproximaram dele, somente ficaram olhando, sem saber se estava ou não acompanhado.[1]

O proprietário daquela casa noturna, assim que Pedro saiu, mandou dois empregados segui-los, mas com as manobras que o motorista do pai de Leo fez perderam-nos de vista. Souberam depois que o veículo fora abandonado num estacionamento.

O patrão de Noêmia ficou indeciso entre obedecer ou não, aconselhou-se então com os companheiros. E escutou as opiniões:

— Esse sujeito é muito estranho! Não fala gírias. Deve ser alguém importante pelo seu modo de falar.

— Parece seguro demais! Certamente, não é um empregadinho.

---

[1] N.A.E.: Os desencarnados que ali estavam não interferiram por vários motivos. Primeiro, estranharam o fato de uma pessoa sozinha ir encontrar e enfrentar o proprietário do bordel. E sentiram o visitante confiante, sem medo. O sentimento de medo transparece e muitos encarnados notam-no em outros, a maioria dos animais percebe esse sentimento. Não dá para escondê-lo de desencarnados. O bando estava ali para vampirizar e usufruir dos prazeres com os que ainda estavam na matéria, e não para se confrontar. Não conseguiram saber se Pedro estava ou não acompanhado por espíritos e não quiseram arriscar uma aproximação. Se estivesse acompanhado e eles não conseguissem ver ou era porque se tratava de servidores do Cordeiro, ou seja, eram bons e com esses eles não podiam, ou eram espíritos maldosos e inteligentes, chefes umbralinos, os quais também não era aconselhável confrontar.

— O que ele lhe pede é algo simples. Não acho que devemos nos arriscar a não atendê-lo. E se ele for o chefe supremo ou alguém que trabalha direto com ele? Podemos ser prejudicados por algo fácil de fazer. E podemos subir no conceito do chefão atendendo e agradando-lhe.

Mas o que mais impressionou o patrão de Noêmia foi escutar a sigla secreta. Decidiu fazer o que lhe fora imposto. Mandou chamar Noêmia e lhe disse secamente, sem lhe dar explicações:

— Você terá as tardes livres e seu ordenado será o mesmo!

Mandou segui-la por uns dias e quando ficou sabendo que ela ia ao hospital ver o filho enfermo não entendeu, mas cumpriu a ordem.

Pedro alegrou-se ao ver Robertinho feliz, e o garoto lhe contou assim que entrou no quarto:

— Pedro, mamãe veio ontem e me afirmou que agora poderá vir me ver todos os dias. Minha avó tinha feito até promessa para que isso acontecesse, ela falou que Deus ouviu as preces dela e que com certeza mandou um dos seus santos amolecer os sentimentos do patrão da mamãe. Estou tão feliz!

Pedro abraçou-o e deu uma piscada para Leo, que sorriu contente compreendendo e foram cantar.

Josias, embora tivesse ficado apreensivo com as atitudes de seu protegido, sorriu feliz também.

— *Essa deu certo!* — exclamou aliviado.

Josias gostava de ir ao hospital. Fez muitos amigos e conheceu muitos dos que lá eram úteis. Se havia muitos encarnados que ali trabalhavam, o número de desencarnados era bem maior: alguns médicos, muitos enfermeiros, psicólogos e socorristas que auxiliavam desligando espíritos dos corpos físicos que paravam suas funções. Com muita dedicação e amor, todos os servidores dos dois planos, Espiritual e Físico, tentavam ajudar aqueles enfermos a enfrentar e a superar aquelas dolorosas dificuldades. E as equipes desencarnadas tinham um carinho especial pelos voluntários do plano material, que mesmo com tantos afazeres se organizavam para ir ao hospital e contribuir de alguma maneira. Josias, muitas vezes, quis sofrer no lugar de um dos doentinhos. Mas isso não é possível, pois cada um tem a sua dor, que pode ser amenizada pelo carinho e amor de alguém.

E Pedro continuou com seu trabalho voluntário, tão importante para o hospital e para as crianças enfermas

10

Novos amigos

Pedro chegou ao bar e encontrou Waldemar preocupado.
— O que aconteceu? — perguntou.
— Recebi um telefonema de minha irmã, que disse que minha mãe está doente. Acho que devo ir vê-la. Faz dois anos que não a vejo — respondeu Waldemar.

Pedro sempre estranhou o fato de Waldemar falar pouco sobre si. O que sabia dele era que morava sozinho, era solteiro, viera de outra cidade e comprara aquele estabelecimento, uma mistura de mercearia e bar. Trabalhava muito, era querido, boa pessoa e todos gostavam dele.

— Não quer desabafar, Waldemar? Posso escutá-lo e aconselhá-lo como se fosse seu pai.

— Pai?! — Waldemar expressou sorrindo.

— Talvez não tenhamos muita diferença de idade, devo ser mais velho que você uns quinze anos. Mas o sofrimento me amadureceu. Se pai não serve, amigo, então?

Waldemar sentou-se e convidou Pedro a sentar-se ao seu lado e falou:

— Acho que tem razão, Pedro, vou desabafar com você. Meu pai faleceu há dez anos. Eu morava com minha mãe e uma irmã, tenho outra casada. Ainda adolescente, fui trabalhar numa fábrica de pequeno porte. Era um bom empregado. Conheci uma moça, Anita, e namoramos. Pensando em casar, comecei a economizar, tinha certeza de que ela gostava de mim. Mas, um dia, Anita terminou comigo dizendo que amava outro. Soube depois que esse outro era meu patrão. Sofri muito pela traição e porque a amava. Os dois se encontravam havia meses. Não quis continuar trabalhando mais na fábrica e também meu patrão não me queria mais como empregado. Fizemos um acordo. Resolvi mudar de cidade, vim para cá pensando em comprar um bar com o dinheiro do acerto e com o que tinha economizado. E aqui estou. Não voltei mais para lá. Mamãe e minhas irmãs é que têm vindo me ver. Como ela tem estado adoentada, faz tempo que não nos vemos e agora pediu-me para ir lá. Não tive mais vontade de me apaixonar. Nesses anos tive somente alguns namoros sem importância.

— Waldemar — aconsenhou Pedro —, vá ver sua mãe, nós tomamos conta do bar para você. Pode confiar em mim! Cuido disto aqui melhor do que se fosse meu, porque é de um amigo a quem devo tanto. Vá sossegado! Viaje ainda hoje, vá abraçar sua mãezinha. E lá nem queira saber do resto.

— O resto que fala é Anita? Não sei se ainda a amo. Gostei dela demais. Sofri muito. Nunca mais soube dela, pedi à minha família para não comentar comigo sobre ela e eles me atenderam. Vou ver minha mãe! É meu dever de filho. E, depois, amo-a muito e estou preocupado.

— Vá sim, Waldemar, você não tem filhos e, talvez por isso, não consegue entender o amor que temos pelos nossos filhos. Fique lá quanto for necessário. Deixe o bar conosco, cuidaremos de tudo.

Waldemar viajou no início da noite. Dividiram tarefas e Pedro voltaria mais cedo do hospital para ficar mais no estabelecimento.

— Por que Waldemar fecha o bar às oito e meia da noite? — perguntou Pedro à dona Olga, empregada ali desde que o amigo comprara a propriedade.

— Você não sabe da gangue que passa por aqui à noite? Sempre lá pelas nove horas? E, se eles virem o bar aberto, entram e aí é confusão na certa.

— Eles não pagam o que consomem? — indagou Pedro.

— Pagam, mas gostam de confusão, brigas e são valentões. Se contrariados, querem brigar, ameaçam matar. Tenho medo deles! São uns horrores! — informou dona Olga.

Pedro entusiasmou-se.

— Vou abrir hoje à noite. Teremos um jogo de futebol importante e com certeza muito movimento. Cuido desse bando!

— Sou contra, se quiser ficar no bar até mais tarde, aviso que vou embora e a responsabilidade é sua! — opinou dona Olga.

Pedro já os tinha visto, eram uns homens que se vestiam de preto e tinham motos.

Ele não fechou o estabelecimento no horário de costume e, como previra, teve movimento. Dona Olga ficou ajudando-o. Quando sete motos pararam em frente, os clientes saíram e sua companheira de trabalho também.

— Pois não? O que os senhores querem beber? — perguntou Pedro educadamente assim que eles entraram.

Risadas!

— O negrão é educado! — expressou um deles.

— É o novo dono? — indagou outro.

— Não sou dono, mas empregado. Em que posso servi-lo? — perguntou Pedro.

— Cervejas! — falou um deles, que aparentava ser o chefe.

— Você não tem medo da gente? Saíram todos, ficou somente você — observou o mais jovem deles.

— Não tenho medo! Nem de vocês, nem de baratas nem de ratos — respondeu Pedro tranquilamente.

— Como é?! Comparou-nos com baratas e ratos?! O cara é valentão, gente! E medo de uma 38, você tem?

— Também não! — exclamou Pedro encarando-os.

Ficaram por instantes sem saber o que fazer. Todos pela região os temiam, não estavam acostumados a serem enfrentados, ainda mais por um homem sozinho. Olharam um para o outro. Riram, e Pedro riu também.

— De que você está rindo? — perguntou o que aparentava ser o líder.

— Chamo-me Pedro e estou rindo de vocês.

— E nós de você! — falou um deles.

O céu pode esperar

— Estamos quites! Aqui paga-se primeiro. Quantas cervejas? — indagou Pedro.

Um deles deu o dinheiro para Pedro, que conferiu e os serviu.

— Quem é você, cara? — quis saber um deles.

— Já falei: meu nome é Pedro e não "cara" ou "negrão". Sou empregado aqui. O que mais quer saber?

— Você é estranho! — exclamou o que perguntou.

— Bem menos que vocês! — replicou Pedro.

Tomaram as cervejas e foram embora.

Mas, no outro dia, por mais que dona Olga pedisse para fechar o bar e Josias o intuísse, Pedro permaneceu lá com o estabelecimento aberto. No horário em que o bando costumava passar, os clientes foram embora. E logo o grupo chegou. Deixaram as motos na calçada e entraram rindo.

— Já sabemos quem você é, negrão! — expressou um deles.

— É o tal que a mulher abandonou, um marido traído!

Risadas. Pedro também riu.

— Não pensei que vocês fossem se interessar por mim — comentou Pedro. — De fato, fui casado, separei-me e ela arrumou outro, para meu sossego. E quem de vocês tem algo a ver com isso?

— E se lhe disser que eu tenho?

— Então é traído também, porque ela está com outro — Pedro respondeu e deu uma gargalhada.

— Insolente! Dou-lhe uma surra! — exclamou o líder.

— Aceita uma sugestão? Por que não me mata? — perguntou Pedro.

— Você é doido? Blefa? Não tem medo?

— Já lhes disse que não tenho medo de baratas, ratos e de urubus — respondeu Pedro.

— Pego-lhe...

O que aparentava ser o líder avançou para Pedro com a mão fechada, o golpe não o atingiu pois ele se desviou.

— Seu motoqueiro imbecil e covarde! Quer brigar comigo, que já sou velho! Sabe que me baterá! Por que não usa seu 38? Não é valente para isso?

— Esse cara é louco? — perguntou o que queria brigar olhando para os outros companheiros.

— Não gostei do "urubu"! — exclamou o mais jovem.

— Pois deveriam gostar, vestidos assim de preto se parecem com essa ave que gosta de imundice — disse Pedro.

— Sujeito, você está procurando encrencas. Vou esmagá-lo! — gritou um outro.

— Aqui no bar não! Vamos lá fora. Como já falei, sou empregado e se vocês quebrarem alguma coisa vão ter de pagar — expressou Pedro calmamente e pensou:

"Acho que agora morro! Certamente vão me surrar até a morte!"

Um deles puxou o que aparentava ser o líder para um canto e cochichou algo, que ouviu e deu a ordem:

— Vamos embora!

Saíram apressados.

— Mas nem esse bando de metidos a valentões não encara uma briga! — resmungou Pedro.

Josias estava apreensivo observando os acontecimentos. Acompanhava os motoqueiros encarnados e muitos desencarnados que se vestiam também de preto e que tinham os mesmos gostos. Escutou o que foi cochichado:

O céu pode esperar

— Teo, é melhor saber o que esse cara quer. Ninguém antes nos enfrentou. Se ele não tem medo é porque tem certeza de que pode conosco ou é louco mesmo.

Os desencarnados viram Josias mas não conversaram com ele, observaram-no curiosos e estranharam também.

Na outra noite, entraram no bar, pediram cervejas, Pedro os serviu, ofereceu petiscos, atendeu-os educadamente. Beberam e saíram sem provocações. E assim foi por mais algumas noites.

Pedro, ao servi-los, escutou um deles falando que a mãe estava internada no hospital em que era voluntário e que estava preocupado com ela. Queixou-se de que estava difícil visitá-la pois no horário de visitas estava trabalhando.

— Sem querer me intrometer na conversa de vocês, escutei o que disse e acho que posso ajudá-lo. Trabalho como voluntário nesse hospital e posso saber de sua mãe para você — ofereceu Pedro.

— Você é empregado lá? O que é voluntário?

— Voluntário, seu imbecil, é aquele que trabalha de graça, sem receber salário — explicou um outro.

— Não sou empregado do hospital — esclareceu Pedro. — Tinha um filho que morreu de câncer. Ficou lá internado muitos meses; ia lá vê-lo e agora vou brincar com as crianças enfermas. Posso pedir notícias de sua mãe. Diga o nome dela que amanhã à noite lhe informo como ela está.

Ele falou o nome da mãe. No dia seguinte, Pedro se informou, e à noite disse o que soube e o convidou:

— Se você quiser ir comigo amanhã cedo ao hospital, verá sua mãezinha.

Ele, Oscar, aceitou. Combinaram de se encontrar na frente do hospital. Pedro quase não o reconheceu quando o viu no outro dia. Oscar explicou:

— Mamãe não gosta de me ver vestido de preto!

Pedro conversou com a atendente, sua amiga, e pediu para deixar Oscar entrar. Acompanhou-o até a enfermaria onde estava a mãe dele. Pedro emocionou-se com o abraço dos dois, deixou-os e foi para junto das crianças.

E todas as manhãs Oscar esperava Pedro na frente do hospital. À noite, lá estava no bar. Já conhecia todos pelos nomes e conversavam. Teo numa noite xingou Pedro, que respondeu:

— Teo, não quero discutir com você. Pois você não é de nada! Você é capaz de me matar? Não é? Então não quero discussão!

— Não quero matar você, mas lhe dar uma lição. Briga comigo! — replicou Teo, o líder do grupo.

— Não sei lutar! — respondeu Pedro, que não gostava de brigas e não queria levar uma surra, mas sim morrer.

— Aceite, Pedro! Eu o ensino a lutar! — ofereceu Oscar.

Afastaram as mesas e Oscar e Jiló foram ensinar Pedro a lutar para depois brigar com Teo.

— Afaste o corpo! Seja rápido!

— Proteja-se com o braço!

— Ataque com os punhos fechados!

Riram.

— Mais alguns treinos e você estará pronto para brigar com o Teo. Com certeza, levará uma surra, mas baterá também — incentivou Jiló.

— Não sei o que faço — queixou Teo, na outra noite. — O cara quer me despejar do apartamento.

Pedro quis saber o que acontecia e achou a solução.

O céu pode esperar

— Teo, se você tem os recibos que pagou, o proprietário não pode despejá-lo. Mas se ele não o quer como inquilino por que não muda? Aqui perto, logo na rua de baixo, estão alugando apartamentos bem mais baratos e melhores do que esse em que você mora. Se quiser posso ser seu fiador.

— Teo quer lhe bater e você se oferece para ajudá-lo? — perguntou Jiló estranhando.

— Uma coisa não tem nada a ver com a outra. Se pelo menos Teo quisesse me matar!

E Pedro no outro dia foi com Teo acertar sua mudança. Esqueceram a briga, mas continuou a treinar com eles. Tornaram-se amigos. Contavam todos os problemas para Pedro, que tentava ajudá-los.

"Quem diria que um bando aparentemente de desocupados, motoqueiros que se vestem de preto, tivessem tantos problemas e dificuldades!", pensou Pedro.

Waldemar telefonava quase todos os dias, querendo saber do bar, se tudo estava bem. Pedro pagava as contas, fazia as compras, depositava dinheiro no banco.

Waldemar demorou mais do que previra e, quando retornou, agradeceu aos empregados e informou:

— Vou voltar para minha cidade!

— Sua mãe piorou? — indagou-lhe Pedro preocupado.

— Não, mamãe está melhor. Quando cheguei lá, ela estava internada num hospital, melhorou ao me ver. Minha mãezinha me disse que sua doença é preocupação comigo por saber que estou sozinho numa cidade grande e perigosa. Minha irmã que mora com ela vai se casar e minha família me quer por perto. Vou vender o bar e voltar para lá.

✳ 123

— Você reviu todos os amigos? — perguntou Pedro.

— Cidade pequena todos se veem — respondeu Waldemar. — Faz cinco anos que saí de lá e não voltei mais. Minhas irmãs com mamãe estiveram aqui há dois anos, no Natal. É longe, fica difícil virem mais vezes e não quero mais ficar sem ver minha mãe por tanto tempo. Pedro, você não quer comprar o bar?

— Não, Waldemar. Não quero nem tenho dinheiro. É só anunciar que quer vender que aparecerão compradores.

Os outros empregados se afastaram. Ficaram somente Waldemar e Pedro, que perguntou:

— O que aconteceu entre você e Anita? Não quer falar?

— Anita chegou até a ficar noiva do meu ex-patrão, mas não deu certo. Eles terminaram e ela está sozinha há quatro anos. Encontramo-nos e Anita me confessou que sempre me amou, que se arrependeu etc. Reatamos, vamos namorar para ver se é isso mesmo que queremos. Eu a amei, confesso que não a esqueci, mas também não esqueci sua traição. Quero ter certeza de que podemos ser felizes e de que consigo esquecer que ela me traiu. Com o dinheiro que guardei nesses anos e com a venda do bar, vou comprar um mercadinho lá.

— Vai dar certo, Waldemar. Torço por você! Se ama Anita, esqueça os fatos desagradáveis, perdoe-a. Quem não errou nesta vida? Mágoas somente nos fazem mal!

Contou ao Waldemar que abriu o bar à noite e que o bando que temiam ficaram fregueses e amigos. Apresentou o lucro do bar.

Waldemar anunciou a venda do bar, queria resolver logo para mudar para perto de sua família.

O céu pode esperar

Pedro passou a resolver os problemas dos novos amigos: era emprego para um, retirada da apreensão da moto de outro etc.

"Que pena! Não me aparece mais nenhuma dificuldade de risco!", pensou Pedro.

Como Pedro conversava com o bando encarnado, Josias passou a se entender com os desencarnados que os acompanhavam e também pôde ajudá-los. A primeira ajuda foi para Onofre, que estava muito triste e preocupado.

— *Josias* — falou Onofre —, *tenho uma companheira, uma mulher que amo e com a qual vivi quando encarnado e continuamos unidos do lado de cá, desencarnados. Ela foi presa no Umbral. Tenho medo de ir lá e ficar preso também e esses meus companheiros não podem me ajudar.*

E lá foi Josias ver onde estava essa desencarnada e, com o auxílio dos trabalhadores da equipe umbandista, libertou-a.

"Será que estou seguindo o exemplo de Pedro, fazendo ajudas de risco?", pensou Josias.

Não foi um socorro fácil, mas, quando conseguiram e Josias a trouxe para perto de Onofre, ele chorou de alegria e ajoelhou-se a seus pés para agradecer. Ficaram amigos.

Essa desencarnada voltou para o grupo, mas estava diferente, o sofrimento, as humilhações, fizeram-na mudar e passou a prestar atenção nos ensinamentos de Josias. E, quando ele os convidou para ir à casa de Umbanda, Onofre, essa senhora e três do bando foram e gostaram. Na reunião seguinte, todos compareceram e, aos poucos, foram ficando no posto de socorro junto do centro, onde foram bem recebidos e abrigados.

De fato, protetor e protegido fizeram novos amigos.

11

No Plano Espiritual

Josias passou a visitar Alexandre e nesses encontros conversavam bastante.

— *Gosto muito daqui, Josias* — confidenciou Alexandre —, *o lugar é bonito, todos me tratam muito bem, meus novos amigos são ótimos. Mas... sinto falta de minha casa, das minhas coisas, e muitas saudades de papai, mamãe, da Aline, dos amigos e até do hospital. O bom é que estou sadio, não tenho dores, enjoos, sinto-me animado, tenho de novo vontade de brincar e de estudar.*

— É normal o que sente, Alexandre — esclareceu Josias. — As colônias, cidades do Plano Espiritual onde moram os desencarnados que fizeram por merecer, são lindas. Nelas temos oportunidades de aprendizado e de fazer o bem. Como os que estão aqui são mais homogêneos, não se tem medo de outro ser humano como no Plano Físico. A fraternidade é praticada. Somente por isso, afirmo que é encantador viver nas colônias espirituais. Tudo é prático, os recantos são simples e encantadores.

— Perfeito, se não fosse a saudade! — Alexandre reclamou suspirando.

— Alexandre, nós, ao desencarnarmos, não perdemos a individualidade. Continuamos a ser os mesmos, com as qualidades e os defeitos, amando ou odiando. Aqui não nos esquecemos de nada; é natural que sintamos falta das coisas com que estávamos acostumados e das pessoas que amamos. Avisamos aos recém-desencarnados que o período de adaptação requer esforço e vontade firme. Os dias passam e vai se acostumando, aprendendo a viver longe dos afetos, porque os colocamos no coração. Alexandre, as colônias são uma das opções de os desencarnados morarem. Há muitas moradas na espiritualidade. Para os imprudentes, existem outros locais que não são bonitos. E muitos desencarnados que cometeram erros podem se perturbar a ponto de perderem a noção de tudo.

— Josias, sabe do que mais gostei aqui? É de não ter encontrado ociosidade. O estudo e o trabalho continuam.

— É maravilhoso, não é mesmo? — Josias falou sorrindo. —Atividades preenchem nosso tempo. Ter oportunidades de aprender é graça. Se aqui lembramos das pessoas que amamos, podemos saber como elas estão e, às vezes, até ajudá-las. São

O céu pode esperar

muitos os desencarnados que conseguem dizer aos encarnados que continuam a amá-los.

— *Gostaria muito de conhecer um local que tenha esse intercâmbio* — expressou Alexandre.

— *Vou pedir para o orientador do educandário. Se ele permitir, vou levá-lo ao local em que sirvo, onde fazemos um bonito trabalho. São encarnados e desencarnados unidos pela vontade de realizar o bem. Mas não existe somente essa maneira de fazer um intercâmbio. Você já não recebeu a visita do seu pai?*

— *Mas ele estava com o corpo físico adormecido e pode nem se lembrar* — falou Alexandre.

— *É verdade, isso pode acontecer, mas você lembra. Como recebeu a visita, pode também visitá-los, vê-los adormecidos ou despertos.*

Josias pediu e foi atendido, poderia levar Alexandre para visitar o Plano Físico. Dias depois, no horário combinado, foi buscá-lo. Alexandre, entusiasmado, observava tudo atento e exclamava a cada momento:

— *Legal! Maravilha! Isso é incrível!*

Josias mostrou o aeróbus, o meio de transporte muito usado nas colônias.[1] Acomodaram-se e logo partiram, deixando o garoto extasiado. Alexandre gostou demais da rápida viagem.

Desceram no centro de umbanda, onde os obreiros desencarnados já se preparavam para o trabalho que se iniciaria logo mais. Os dois foram saudados com alegria.

— *Vamos ficar aqui* — informou Josias mostrando um local.
— *Este espaço é reservado aos visitantes e aprendizes.*

---

1 N.A.E.: Desencarnados que aprendem usam da vontade para se locomover, é a volitação. Mas é usada também uma condução, chamada aeróbus, que faz lembrar um avião sem asas ou um ônibus confortável que voa, e é de diversos tamanhos.

Alexandre olhou tudo com curiosidade, muitos desencarnados iam e vinham, organizando tudo. Os encarnados foram chegando. No horário marcado, uma senhora do Plano Físico fez uma linda oração. Todos ficaram em silêncio, oraram juntos acompanhando-a mentalmente, logo em seguida a senhora falou ensinando:

— Egoísmo é querer somente benefício para nós. Receber sem nos importar com quem está dando e muitas vezes usufruir do trabalho alheio.

"Egoísmo é a causa principal de ficar todos contra todos e fazendo da existência um caos de discórdia e consequentemente de amarguras.

O melhor modo de combater o egoísmo em nós é servir, pois somente nós mesmos podemos nos melhorar, porque ninguém sofre no nosso lugar. Por mais que gostemos de uma pessoa, não conseguimos anular seus atos errados, nem pagar suas dívidas espirituais, nem amar por ela, ou desfazer o que ela fez de errado.

Medos, rancores, críticas, queixas que nos fazem sofrer somem de nós quando deixamos de ser egoístas, fica para trás o querer ser servido e surge a harmonia do querer servir.

Terei de fazer grandes coisas para deixar de ser egoísta? Claro que não! É melhor dar pequenos passos do que ficar parado. Podemos fazer pequeninos atos que se tornam grandes quando realizados com amor. E, quanto mais amamos, mais o amor ocupa o espaço do egoísmo, levando-o a diminuir até que desaparece.

Receber nos faz bem momentaneamente, mas é praticando atos benéficos que perpetuamos o bem em nós. Sendo assim, é preferível fazer a receber. E que o nosso fazer seja desprovido de egoísmo. Quando faço algo para receber o retorno, posso até ser útil, mas necessito caminhar além. Será que ainda não é egoísmo quando fazemos o toma lá dá cá? Quando achamos que sofremos algum dano ao ajudar alguém? Quando queremos receber o retorno e de preferência com acréscimo? Sim, ainda é egoísmo quando fazemos para receber o retorno. E às vezes até cobramos. Por acharmos que somos caridosos, que oramos, que vamos a cultos religiosos, achamos que estaremos livres de dificuldades e problemas. Eu orei, pedi proteção, fui a cultos e me aconteceu essa desgraça? Meus amigos, muitas das nossas dificuldades podem por esses atos ser suavizadas, mas, infelizmente, não podem ser solucionadas como queríamos.

Devemos aprender a fazer o bem com amor, sem nada querer em troca, não nos sentir, pelo ato praticado, prejudicados. Quem é bom não precisa de indenização nem ser recompensado. E não queira saber o que o beneficiado irá fazer com seu benefício. E nunca fale em ingratidão. Recebe ingratidão quem faz algo em troca. Seja você grato! Seja você bom!"

Depois da palestra, alguns desencarnados aproximaram-se das pessoas que estavam na frente do público.

— *São os médiuns da casa* — explicou Josias a Alexandre. — *Agora eles unem seus esforços para auxiliar a muitos que aqui vêm. Vão dar passes. Em muitos locais, os desencarnados somente ficam perto dos passistas do Plano Físico. Aqui eles aproximam-se mais. É o intercâmbio que queria conhecer. Nesse local, os trabalhadores do Plano Espiritual têm permissão para conversar por intermédio dos médiuns com os encarnados, aconselhando-os e os orientando.*

Alexandre viu admirado sair uma energia escura de muitos encarnados ao receberem o passe. Todos recebiam energias brilhantes. Algumas pessoas que ali tinham ido para receber auxílio estavam acompanhadas por desencarnados perturbados e até maldosos. Os espíritos sofredores e perturbados eram amparados com delicadeza e levados a outro local.

— *Como você está vendo* — continuou Josias explicando —, *junto da construção material temos uma outra, que é o nosso posto de socorro. Eles estão sendo levados para lá e receberão a ajuda de que necessitam e muitos deles serão orientados na sessão de desobsessão que acontece em outro dia.*

Os desencarnados valentões e maldosos que queriam agredir também foram afastados.

— *Aqui reinam ordem e disciplina* — informou Josias. — *Esses espíritos estão sendo conduzidos a outra ala do posto de socorro. Recebem também orientação, auxílio e lhes é oferecido abrigo.*

— *Todos aceitam?* — perguntou Alexandre curioso.

— *Infelizmente, não* — respondeu Josias. — *O livre-arbítrio é respeitado. Mas o que escutaram, o que viram aqui são sementes que irão germinar um dia. Muitos vão embora, mas a maioria não será mais a mesma.*

Os encarnados cantavam, muitos desencarnados também e Alexandre cantou alegre.

— *Gosto dessas canções!* — exclamou o garoto.

— *São de fato muito bonitas e significativas* — afirmou Josias. — *Vê aquela senhora, Alexandre?* — apontou para um lado. — *É Luzia, a sogra de sua irmã Aline. É uma pessoa muito boa, tem cuidado com carinho de Aline.*

O céu pode esperar

Quando terminaram os trabalhos da noite, Josias pegou na mão de Alexandre e volitou com ele até a casa de Mônica.

— *Alexandre, como já lhe falei, sua mãe separou-se de seu pai, está morando com uma pessoa boa e está grávida. Terá um menino sadio.*

Mônica estava fazendo tricô. Alexandre a abraçou, ela continuou distraída.

— *Quero que você, mãezinha, seja feliz!*

Foram para a casa de Aline.

— *Como está ela, Josias? Está inchada? Os rins?* — perguntou Alexandre preocupado.

— *Sim, Alexandre, Aline está doente. Seus rins estão deixando de funcionar. Mas não se preocupe, ela terá o bebê, que é sadio.*

— *Meu pai sabe que Aline está doente?*

— *Não* — respondeu Josias. — *Aline não contou, não quer preocupá-lo. Mas logo sua irmã voltará para a casa de seu pai. João, o padrasto de Zé Carlos, não está agindo corretamente. Ambicioso, quer para si tudo o que Luzia tem, eles têm brigado. O mentor espiritual de Luzia já pediu para ela ir com o filho e Aline para a casa de Pedro. E com certeza eles irão.*

— *Gostei do meu cunhado!* — exclamou Alexandre.

— *Zé Carlos é boa pessoa, ele e Aline serão felizes. Agora vamos ver Pedro. O aeróbus tem horário para retornar à colônia e não devemos deixar que nos esperem.*

Pedro se preparava para dormir.

— *Oi, papai! Amo o senhor!* — exclamou o garoto com carinho.

— *Eu amo você, meu filhote!* — disse Pedro distraído.

— *Josias, ele me escutou?* — perguntou Alexandre espantado.

— *Sentiu mais do que escutou* — respondeu Josias. — *Pedro não entende essa possibilidade de comunicação.*

Alexandre abraçou o pai e retornaram à casa de Umbanda e de lá para o educandário.

— *Obrigado, Josias, foi uma excelente visita!* — agradeceu Alexandre abraçando Josias.

No seu quarto, Alexandre contou muitas vezes a aventura aos amiguinhos.

— *Achamos que nosso corpo não mudou, mas ao ficar perto de um encarnado é que vemos a diferença. Eles parecem vestir uma armadura. No Plano Físico, passamos pelos telhados das casas, pelas portas fechadas como se elas fossem desenhos de fumaça. Foi tão bom rever minha família!*

Animado e com vontade de aprender, Alexandre dormiu. Pela manhã, o educandário se agitava. Era um vai e vem de crianças alegres, falando ou cantando pelos corredores. Alexandre foi para a sua classe, estava estudando para aprender a viver como desencarnado, para ter conhecimentos e para servir. Não queria nunca mais cultivar o egoísmo de querer ser servido. Queria ser como Josias, um ser útil.

12

A volta de Aline

Pedro conversava sempre com Aline pelo telefone. Ela lhe afirmava que estava bem e feliz. Numa tarde de domingo, ele foi visitá-la e teve a impressão de que de fato tudo estava bem com a filha. A casa deles era pequena, três cômodos: sala-cozinha, quarto e banheiro e tudo bem arrumadinho. Entrava-se pelo corredor da garagem e chegava-se a ela, que ficava nos fundos da casa da mãe de Zé Carlos. E eles pareciam realmente felizes. Pedro achou que a filha estava engordando demais, mas não comentou temendo chateá-la.

— Aline, meu bem, estou empenhado em pagar minhas dívidas. Devo ainda para o Benedito. Já paguei ao Waldemar e ele agora me remunera pelo meu serviço, faço as refeições lá e meu gasto é pouco. Queria dar um presente para o nenê, mas, como não sei o que comprar, pensei: "será que você não faria essa compra para mim?" Dou-lhe o dinheiro e você adquire algo para o nosso bebezinho.

— Compro sim, meu pai, mas não se preocupe, dona Luzia e eu já compramos todo o enxoval para o nenê. Acho mesmo que o senhor deve pagar suas dívidas. Papai, o senhor está bem mesmo?

— Estou sim, Aline. Não tenho tempo nem para pensar. Gosto muito de ser voluntário no hospital e sou grato a Deus por me ter permitido retribuir um pouco do que Waldemar fez por nós, cuido do bar dele com prazer.

Conversaram bastante falando do nenê. Pedro despediu-se prometendo voltar para outra visita.

Dias depois, Luzia, a mãe de Zé Carlos, ligou para Pedro para informá-lo de que Aline estava na maternidade para ter o nenê e que era melhor ele ir para lá. Waldemar já havia chegado.

— Luzia, Aline mentiu para mim? Estava grávida havia mais tempo quando foi morar com Zé Carlos? — perguntou Pedro.

— Não, Pedro, ela não mentiu. O nenê vai nascer antes do tempo. Será prematuro. Venha para cá, por favor!

Pedro, preocupado, foi rápido. Quando chegou à maternidade, o nenê já tinha nascido; era um menino pequenino, mas sadio. Ao vê-lo pelo vidro do berçário, Pedro se emocionou e chorou. Zé Carlos e Luzia o abraçaram.

— É lindo! Vai se chamar Diego! — exclamou Zé Carlos emocionado.

— É sadio, graças a Deus! — comentou Luzia aliviada.

Puderam ver Aline, mas ela estava cansada, sonolenta, eles a beijaram e a deixaram descansar.

"Aline está muito gorda, vai precisar de um bom regime", pensou Pedro.

No outro dia, Pedro foi ao hospital, Aline e Diego iam ficar mais alguns dias internados.

— O pediatra acha que Diego deve ficar mais alguns dias no hospital. Como Aline não quer ir embora sem ele, vai ficar também — informou Zé Carlos.

Pedro achou certo. Cinco dias depois foram para casa. Ele foi visitá-los. Pegou o netinho, que era uma criança linda: pele clara como a do pai, cabelos e olhos negros como os da mãe. Conversava com Aline sobre o nenê quando escutaram uma discussão.

— É o padrasto de Zé Carlos, o senhor João, brigando com dona Luzia. Ele é uma peste! — informou Aline.

Pedro teve a impressão de que ele ia bater em Luzia, mas a discussão acabou.

— Papai, qualquer dia Zé Carlos e o senhor João vão acabar brigando de socos. Tenho medo. Ele já agrediu dona Luzia fisicamente. Quer dinheiro!

— Zé Carlos não trabalha na oficina com ele? — perguntou Pedro.

— A oficina era do pai de Zé Carlos, que morreu, e agora é de dona Luzia e de Zé Carlos. O senhor João tem brigado com minha sogra pois quer vender a casa e a oficina para comprar um hotel. Como ela não quer, eles discutem.

Pedro foi embora preocupado. Não queria a filha morando num lugar onde houvesse discussões.

Cinco dias se passaram. Ele estava à tarde no bar quando Zé Carlos foi chamá-lo.

— Senhor Pedro, Aline veio visitá-lo e está lá na frente de sua casa. O senhor não abriria a porta para nós?

— Claro!

Pedro, contente, informou a Waldemar que ia para casa e acompanhou o genro. Aline com o nenê e Luzia estavam na calçada com duas malas e sacolas. Depois dos abraços, entraram e Aline explicou:

— Papai, o senhor João ficou muito violento, bateu na dona Luzia. Zé Carlos interferiu e ele nos ameaçou. Ficamos com medo e viemos para cá. O senhor não nos deixaria ficar aqui até resolvermos o que fazer?

— Aline, minha filhinha, esta casa é sua! Por favor, fiquem comigo! Será um prazer tê-los aqui! Zé Carlos é meu genro, Luzia é sua sogra e Diego meu neto! Instalem-se e sintam-se como se fosse a casa de vocês. Já jantaram? Não! Vou acomodá-los e depois providenciar algo para comermos.

Pedro ajudou-os a colocar as malas e sacolas nos quartos.

— Coloco estes dois colchões no chão e você, minha filha, dorme aqui esta noite. Luzia fica no seu antigo quarto. E eu continuo no do Alexandre. Vou buscar algo para o jantar e já volto.

Rápido, foi ao verdureiro, à padaria, ao bar e pegou tudo para fazer um bom jantar. Estava alegre.

Mas, quando retornou, viu-os preocupados e tentou animá-los.

— Luzia, não quero me intrometer em sua vida, mas não fique triste com essa separação. Talvez vocês possam conversar e se entender.

— Já deveria ter me separado — explicou Luzia. — Essa minha segunda união foi um fracasso! Estou preocupada, com medo de que João venha atrás de nós. Prometeu bater em Zé Carlos.

— Pois eu acho que ele não virá aqui — opinou Pedro. — Vocês fiquem aqui comigo o tempo que for necessário e espero que estejam bem acomodados. Vamos fazer o jantar!

Todos ajudaram e o jantar ficou pronto. Luzia fez uma sopa de legumes para Aline. Jantaram. Pedro era o único entusiasmado, riu e brincou. Tinham acabado de jantar quando escutaram João gritando na rua.

— Venha cá, seu moleque medroso! Esconde-se atrás de mulheres? Venha cá e me enfrente, se for homem!

Zé Carlos se levantou, Luzia e Aline o seguraram.

— Por favor, Zé Carlos, você me prometeu! Pelo nosso filho! Não enfrente esse doido! — rogou Aline nervosa.

— Ora, que petulância! — exclamou Pedro. — Ninguém vem à minha porta e grita assim!

Saiu sem que os três percebessem, fechou a porta com a chave pelo lado de fora e colocou a chave no bolso. Abriu o portão e encarou João.

— Pare de gritar, aqui ninguém é surdo!

— Aquele moleque mandou-o sozinho para defendê-lo? — falou João rindo cinicamente.

— Vim porque quis. Esta casa é minha e não gosto de gritaria no meu portão. Vá embora! — ordenou Pedro.

— Não vou, não antes de dar uma surra na minha mulher e outra no filho dela — João respondeu em tom de deboche.

— Não vai bater em ninguém! — afirmou Pedro.

— Quem irá me impedir? — perguntou João desafiando.

— Eu!

— Quer apanhar também, negrão?

— Não. Vou querer lhe bater se não for embora — respondeu Pedro.

— Ah, o negro bonzinho quer apanhar no lugar do genro. Que seja!

Fez que ia embora e virou-se rápido num ato traiçoeiro e esmurrou o ar, porque Pedro, atento, desviou-se.

— Papai, cuidado! Entre, por favor! — gritou pedindo Aline.

— Abra a porta, senhor Pedro, ele quer brigar comigo, vou aí. Por favor, entre! — rogou Zé Carlos.

Pedro resolveu colocar em prática o que tinha aprendido com o bando que agora era seu amigo. Enfrentou João.

Brigaram de socos. Quando João viu que Pedro levava a melhor, havia recebido muitos golpes e dado somente alguns, correu até a sua caminhonete, pegou um cano e foi para cima de Pedro, que se desviou com agilidade, torceu o braço dele, tomou-lhe o cano e jogou-o por cima do portão de sua casa.

— Poderia lhe surrar com seu cano, mas não sou covarde. Luto como uma pessoa decente que sou. Agora vou lhe dar uma lição! — expressou Pedro calmamente.

Pedro deu muitos socos nele até que viu sangue sair de sua boca.

— Agora vá embora! Não se esqueça desta surra! E não volte mais aqui, senão levará outra pior! — ameaçou Pedro.

O céu pode esperar

Ajudou-o a entrar na caminhonete. Quando João se afastou, ele abriu o portão e viu os três, Aline, Zé Carlos e Luzia, olhando-o pelo vitrô da sala. Ao abrir a porta, Aline correu e o abraçou, indagando-lhe aflita:

— Papai, o senhor está bem?

— Estou, filhinha, e muito contente. Dei uma lição naquele malandro!

— Onde o senhor aprendeu a lutar? — perguntou Zé Carlos.

— Eu não sabia que o senhor sabia brigar! — espantou-se Aline.

Escutaram gritos vindos da calçada.

— Pedro! Precisa de ajuda?

— Você está bem?

— Pedro!

— Meu Deus! — exclamou Aline olhando pelo vitrô. — É o bando de preto!

— São meus amigos — informou Pedro. — Não se preocupe. E, respondendo à pergunta "quem me ensinou a lutar?", aí está a resposta: foram eles. E vou agradecer-lhes, pois foi um prazer surrar esse João valentão!

Pedro abriu o portão. Teo falou aflito:

— Ficamos preocupados quando nos contaram que tinha um homem na frente de sua casa querendo bater em alguém daí. Viemos correndo! O que aconteceu?

Pedro contou e lhes agradeceu.

— Dei uma surra nele porque vocês me ensinaram. Obrigado!

— Pedro, esses valentões podem ser perigosos. Não quer mesmo ajuda? — perguntou Teo.

— Vou perguntar a eles — respondeu Pedro.

Aline, que estava no portão e escutara curiosa a conversa do pai com o bando, interferiu:

— Acho que eles podem nos ajudar sim, papai. Saímos de lá correndo e somente pegamos algumas roupas.

Zé Carlos, que viera atrás de Aline, opinou:

— Não é justo deixar tudo lá. Poderíamos trazer as coisas de nossa casa, o berço de Diego e todas as nossas roupas.

— Tenho um caminhão, trabalho fazendo carretos — informou Jiló. — Vou buscar tudo para vocês e não vou cobrar.

— Vou junto — falou Teo. — Quem de vocês pode ir? — Quatro levantaram a mão. — Ótimo! Quero ver esse valentão que bate em mulheres nos enfrentar. Faremos a mudança, e rápido. Amanhã cedo está bem? Às oito horas estaremos aqui.

Despediram-se e foram embora. Pedro trancou o portão, a porta, fechou bem a casa.

— Papai — disse Aline —, irei com o senhor. Enquanto vocês carregam todos os móveis da minha casa, entro na da dona Luzia e pego as roupas dela.

Combinaram detalhes.

— Pedro — falou Luzia —, fazemos às quartas-feiras o Evangelho no Lar. Hoje foi muito tumultuado, tivemos um dia de dificuldades, mas estamos bem. Você me dá licença para fazer nosso Evangelho e uma oração de agradecimento?

— Por favor, não precisa me pedir nada, sinta-se em casa! Posso participar? Não sei como é, mas posso aprender.

Sentaram-se no sofá da sala. Pedro acomodou-se ao lado da filha. Estivera muito tempo sozinho e tê-los, a filha e o neto, ao seu lado era motivo de felicidade.

— Nós lemos o Evangelho, papai, e fazemos uma oração. Estamos fazendo um estudo em sequência, mas hoje vou pedir para o senhor abrir o livro. Aqui está! Lerei a lição que nos cabe aprender — explicou Aline.

Aline deu o livro ao pai.

Josias, que estava presente, aproveitou a oportunidade e fez com que Pedro abrisse onde estava um ensinamento que havia muito queria que seu pupilo ouvisse.

Pedro abriu o livro e deu-o para a filha. E, conforme ela ia lendo, foi ficando apreensivo. Nunca escutara algo parecido.

"Será que isso foi escrito para mim?", pensou.

Prestou muita atenção no que era lido:

— "Quer o homem se mate ou se faça matar, o objetivo é sempre encurtar sua vida e, portanto, há a intenção de suicídio, embora não ocorra de fato. O pensamento de que sua morte servirá para alguma coisa é ilusório (...). No entanto, a intenção premeditada de procurar a morte expondo-se a um perigo, mesmo para prestar serviço, anula o mérito da ação."

Aline lia com voz agradável. Acabando a leitura, Luzia falou algo que Pedro não ouviu porque estava perturbado.

— Papai! Vamos orar! — Aline falou pegando no seu braço.

— Sim, vamos orar! — exclamou Pedro.

Zé Carlos fez uma oração bonita, que ele não conhecia. Percebeu que seu genro não declamava nenhuma oração decorada, mas falava o que estava sentindo. Oraram um Pai-Nosso.

— Filha, empreste-me um pouquinho esse livro. Quero folheá-lo — pediu Pedro.

Foram dormir, estavam cansados. Pedro ficou sozinho na sala e abriu o livro que fora lido. Aline deixara marcado. Examinou-o.

Vera Lúcia Marinzeck de Carvalho do espírito Antônio Carlos

— É *O Evangelho segundo o Espiritismo*, de Allan Kardec. Foi lido o Capítulo 5 — *Bem-aventurados os aflitos*, itens 28 a 31.

Pedro leu prestando atenção, absorvendo os ensinamentos. Releu várias vezes a questão 29: Sacrifício da própria vida, de São Luís — Paris, 1860.

— Meu Deus! Acho que estou agindo errado! Se tivesse morrido não iria enganar ninguém! — exclamou baixinho.

Como não estava com sono, continuou a ler. O Capítulo 5 terminara; iniciou, então, o 6: O Cristo Consolador.

— Que livro lindo! Quanta sabedoria!

Leu até que ficou com sono. Foi dormir, pois tinha muito o que fazer no outro dia.

"Acho que vou ter de continuar vivendo por aqui. Se aquele livro fala a verdade, tenho agido errado procurando morrer."

Dormiu tranquilo.

Acordou com cheirinho bom de café. Lembrou-se da filha; tinha agora companhia. Fez uma oração rápida, preferiu, como Zé Carlos, orar o que sentia.

— Meu Deus, eu O amo! Abençoa o nosso dia! Amém!

Levantou-se e após o desjejum elogiou:

— Luzia, que café gostoso! Obrigado por vocês terem se lembrado de mim e virem para cá. Eu estava tão sozinho!

Foi ao bar e telefonou para o hospital informando que não poderia ir e pediu para avisar as crianças para que não ficassem preocupadas. Esperou pelos amigos, que chegaram no horário combinado. Jiló tinha um caminhão pequeno, com a carroceria fechada, e com ele estavam Teo, Oscar, Moacir e Paulão, que foram atrás para que Pedro e Aline pudessem ir na cabine do veículo.

O céu pode esperar

Pararam na frente da casa de Luzia. Pedro bateu palmas, João veio atendê-lo com três empregados. A turma desceu do caminhão, encarando-os.

— João — disse Pedro —, viemos aqui em paz, para buscar os móveis de minha filha e também as roupas de Luzia. Não queremos briga, mas não fugiremos de uma!

Ele se virou e entrou na oficina e seus empregados o seguiram. Aline abriu o portão.

— Papai, pegue tudo de minha casa! Vou entrar na casa da frente e pegar o que dona Luzia me pediu.

— Vou ficar tomando conta da menina! — falou Teo. Rapidamente, Pedro e os outros pegaram tudo da casa de Aline, não era muita coisa, e levaram para o caminhão. Aline também não demorou; ela e Teo trouxeram várias caixas.

Foram embora. A turma animada desceu os móveis, ajudou a colocar tudo no lugar e saborearam um gostoso cafezinho de Luzia.

— Obrigado, amigos! — Pedro agradeceu-lhes abraçando-os. Eles ficaram contentes por retribuírem um favor a Pedro.

Quando foram embora, Pedro comentou com seu genro:

— Vocês vão precisar de um advogado!

— Acho que vamos mesmo! Mas quem? Não conheço nenhum! — preocupou-se Zé Carlos.

— Pois eu sei de um que talvez possa nos ajudar! — lembrou Pedro.

Tirou da carteira um cartão que César, um dos garotos doentes, lhe dera.

— Vou telefonar para o doutor Júlio e marcar uma consulta. Foi ao bar e ligou.

— Doutor Júlio — explicou Pedro —, sou amigo do seu filho César. O senhor não me conhece, visito-o no hospital. Chamo-me Pedro.

— Ah, o Pedrão que come sabão! Desculpe-me, senhor Pedro. Há tempo quero conhecê-lo e agradecer-lhe. César gosta muito do senhor. Vive falando de suas visitas.

— Por favor, não me chame de senhor. Doutor Júlio, meu genro está com um problema e acho que precisa de um bom advogado. Será que o senhor não nos receberia para uma consulta?

— Claro! Venham hoje à tarde.

Contente, Pedro se despediu.

— Waldemar, não poderei vir hoje, tenho de ajudar meu genro.

— Pedro, você já me ajudou bastante. Não se preocupe, agora que estou aqui, pode faltar quando precisar.

À tarde, os dois foram ao consultório do advogado.

— Senhor Pedro — disse Zé Carlos —, será que ele não cobra muito caro? Ele deve ser advogado de ricos, o escritório é muito luxuoso.

— Vamos consultá-lo e acertaremos o preço. O que não podemos é deixar João ficar com tudo o que é de vocês.

Doutor Júlio os recebeu sorrindo, abraçou Pedro e convidou-os a sentar. Depois de acomodados, Zé Carlos explicou rápido por que estava lá.

— Meu pai morreu e nos deixou alguns bens. Minhas duas irmãs casadas ficaram com as casas em que moram, restando a casa em que residimos e a oficina mecânica para mamãe e para mim. Minha mãe casou-se de novo em regime de comunhão parcial de bens. Agora meu padrasto quer vender tudo para comprar um hotel. Acredito que ele quer que vendamos o que temos, para depois dar um jeito de nos enrolar e ficar com nosso dinheiro. Como nos recusamos a vender, tornou-se agressivo e saímos de casa. Mamãe quer separar-se dele e queremos que ele saia de nossa casa. O senhor aceita a causa? Quanto cobra?

— Você, meu jovem — disse doutor Júlio —, explicou-me tudo em poucas palavras. Acho que seu padrasto está realmente mal-intencionado, e vocês fizeram bem em se negarem a vender a propriedade. Sua mãe recebeu a casa de herança e ele não tem direito a ela. Pego a causa e vou fazer um preço especial para meu amigo Pedrão.

Falou a quantia, Zé Carlos achou razoável, acertaram os detalhes. O jovem iria levar toda a papelada já no outro dia.

— Doutor Júlio, muito obrigado! — agradeceu Pedro se despedindo.

— Fico contente de poder atender a um pedido seu. Pedro, você faz muito bem ao meu filho.

Em casa, os dois contaram entusiasmados a novidade para Luzia e Aline.

— A justiça é lenta — opinou Pedro —, por isso esse caso demorará a ser resolvido. Vamos fazer tudo certinho. João terá de sair de lá. Queria lhes pedir uma coisa: fiquem aqui comigo. Estarei mais tranquilo, pois acho que João não os incomodará aqui.

— Quero ficar, papai! Estou bem aqui, nos últimos dias estava apreensiva e com medo de o senhor João bater na dona Luzia ou fazer alguma maldade com Zé Carlos.

— Aceitamos sua hospitalidade, Pedro, e agradecemos — expressou Luzia. — Estava preocupada com Zé Carlos e com Aline e, como sei que meu filho não deixará que eu volte sozinha, fico também.

Pedro ficou contente e Josias também.

À noite, Luzia estava na sala com Diego no colo e Pedro aproximou-se.

— Desculpe-me, Luzia, por me intrometer, mas como é que você se envolveu com uma pessoa como João?

— Você não está se intrometendo. Vou lhe contar — respondeu Luzia. — Fiquei viúva, com três filhos; meu primeiro marido era muito trabalhador, honesto, mas muito ciumento, não me deixava sair de casa. Sou médium, tinha necessidade de aprender a lidar com a mediunidade e ele não deixava.

— O que é ser médium? O que é mediunidade? — perguntou Pedro, aproveitando que Luzia fez uma pausa.

— Vou lhe explicar de forma simples para que você possa entender. Mediunidade é o instrumento de comunicação entre os dois planos de vida. É um dom, uma faculdade de algumas pessoas. E médiuns são intérpretes dos espíritos; por essa faculdade, dão oportunidades aos desencarnados de se comunicarem com os encarnados.[1]

— Você, Luzia, vê quem já morreu e conversa com eles? — perguntou Pedro, curioso.

— Já vi muitas vezes desencarnados. Chamamos assim quem já mudou de planos. Vivemos você e eu agora no mundo físico e, quando nosso corpo carnal terminar suas funções, iremos para o Plano Espiritual e viveremos como desencarnados.

---

[1] N.A.E.: Se o leitor quiser aprender mais sobre este assunto, encontrará explicações abrangentes na obra de Allan Kardec *O Livro dos Médiuns*.

O céu pode esperar

— Você falou que tinha necessidade de aprender a lidar com sua mediunidade. Médium não fica bem se não trabalhar com ela?

— Temos o livre-arbítrio — explicou Luzia —, a liberdade de fazermos o que quisermos de nossa vida. Ser médium e não trabalhar com essa faculdade é escolha. Como também pode-se usá-la para fazer maldades. Eu sofria porque via espíritos, tinha medo e não sabia o que fazer. Hoje estou bem porque aprendi a lidar com a mediunidade e sinto-me feliz ajudando o próximo.

— Continue, Luzia, a contar o que ocorreu com você — pediu Pedro.

— João era empregado de confiança da oficina e me ajudou muito no momento da doença do meu marido e quando ele desencarnou. Foram anos difíceis, com as duas adolescentes e Zé Carlos pequeno. Fui envolvida por ele e acabei casando. No começo, até que deu certo. João era trabalhador, cuidava da oficina. Mas, quando Zé Carlos foi trabalhar com ele, percebeu que João nos roubava, e as brigas começaram.

— Não fique triste, Luzia, tudo será resolvido — consolou-a Pedro.

— Com certeza, será.

Pedro foi dormir, estava cansado e fez sua oração falando com Jesus, agradecendo por ter a filha

13

O transplante

    Pedro continuou com sua rotina: pela manhã ia ao hospital e à tarde e à noite trabalhava no bar. Quando recebeu sua aposentadoria, pagou somente uma prestação da dívida a Benedito e abasteceu seu lar. Passou a almoçar em casa, a comida de Luzia era muito gostosa. Gostava de ficar na companhia deles, de conversar com Luzia, de pajear o neto.

    — Zé Carlos — aconselhou Pedro —, por que você não faz um curso profissionalizante? Sei que trabalhava como mecânico com João. Se gosta dessa profissão, por que não estudar para ser um bom profissional?

— Preciso arrumar um emprego, senhor Pedro, tenho filho para sustentar — respondeu Zé Carlos.

— Aqui não lhes faltará nada — afirmou o dono da casa. — Você é jovem e não pode desperdiçar a oportunidade de estudar. Vou acompanhá-lo, vamos à escola e lá nos informaremos sobre que cursos há e quando começam.

Zé Carlos ficou indeciso, mas, como Luzia e Aline insistiram, os dois foram à tarde e voltaram entusiasmados. Ficou decidido que Zé Carlos ia fazer um curso técnico de mecânica. E começaria logo, dentro de poucos dias ele estaria estudando.

Eram catorze horas quando Pedro, ao entrar no bar, percebeu que esquecera sua carteira em casa. Foi buscá-la e encontrou Aline arrumada para sair. Ele estranhou e perguntou:

— Aonde vocês vão?

— Papai — respondeu Aline —, vou sair com Zé Carlos, e dona Luzia ficará com Diego.

— Aline — interferiu Luzia —, penso, meu bem, que seu pai deve saber de tudo. Pedro, sua filha está doente, tem de ir ao hospital, onde faz um tratamento.

— Rins? — indagou Pedro.

Veio à sua mente Alexandre lhe dizendo:

"Papai, Aline está bem? E seus rins? Esses órgãos dela são frágeis!"

Pedro sentou-se, sentiu um arrepio, olhou-os esperando a resposta.

— Sim, papai, meus rins estão doentes. Tive problemas na gravidez e tenho de fazer hemodiálise. Meus rins não estão funcionando como deveriam.

O céu pode esperar

— Como não percebi?! Meu Deus! — exclamou Pedro com lágrimas nos olhos.

Sentiu-se péssimo, egoísta. Enquanto estava querendo morrer, a filha sofria e ele nem percebeu. Ela não estava gorda, estava inchada. A mocinha sentou-se ao seu lado.

— Perdoe-me, meu bem! — exclamou ele e chorou. — Achei que tudo estava bem com você.

— Papai, perdoe-me. Achei que o senhor já estava sofrendo demais, pois foram tantas coisas de uma vez. A desencarnação de Alexandre, mamãe indo embora, eu grávida. Não quis preocupá-lo mais ainda.

Pedro quis saber de todos os detalhes. Aline explicou. Já no começo da gravidez sentiu-se mal, foi a médicos e fez tratamentos. Quando terminou de falar, ficaram uns segundos em silêncio. Pedro pensou e achou uma solução. Falou com entusiasmo:

— Minha filha, vou levar todos os seus exames para o doutor Édio ver. Não é a especialidade dele, mas é um ótimo profissional!

No outro dia, Pedro foi ver o doutor Édio e, sem rodeio, falou:

— São exames da minha filha. Por favor, doutor Édio, dê uma olhada e me aconselhe. O que devemos fazer?

Doutor Édio olhou as radiografias, os exames e opinou:

— Sua filha necessita de um transplante. Terá de se inscrever e ficar na fila.

— Ela já se inscreveu. Não é preciso morrer para doar um dos rins, não é? — perguntou Pedro esperançoso.

— Sim, uma pessoa viva pode doar um dos seus rins para outra — respondeu o médico.

— Então está decidido! Vou doar um dos meus!

Doutor Édio riu e explicou:

— Não é assim tão fácil. Você, sendo o pai, tem uma boa chance de poder ser o doador. Mas precisa ser compatível para fazer essa doação.

— E nem adianta fazer promessa, não é? Se eu for, isso já está decidido. Quero ser o doador! Também a vontade não interfere. Tenho de fazer os exames!

— Pedro, temos aqui no hospital o doutor Wanderley, um ótimo cirurgião que já fez alguns transplantes de rins com êxito. Vou conversar com ele hoje. Se você estiver bem e for compatível, essa cirurgia acontecerá logo.

— Muito obrigado, doutor Édio! Não sei nem como lhe agradecer!

— Pedro, você está recebendo o retorno. Sim, meu amigo, o retorno de seus atos. Quando fazemos o mal, recebemos maldades, mas, quando fazemos o bem sem interesse, recebemos o bem também. Você serve aqui como voluntário, alegra nossas crianças enfermas, ajuda a aliviar dores. É justo que retribuamos de alguma forma.

Ele não falou nada em casa, queria antes ter mais informações. No dia seguinte, o doutor Édio chamou-o para conversar.

— Doutor Wanderley estudou todos esses exames e acha que um transplante dará resultado. Marcou um horário na sexta-feira à tarde para consultá-los.

Esperançoso, Pedro então contou em casa a novidade.

— Se eu for compatível, marcaremos a cirurgia para logo.

— Eu também quero fazer o exame. Se puder, darei um dos meus rins a você, Aline — ofereceu Luzia.

— Eu também gostaria de fazer essa doação! — animou-se Zé Carlos.

Mônica chegou para visitar a filha e o neto. Cumprimentou a todos e pegou Diego no colo. Pedro contou a ela sobre o possível transplante.

— Como parentes biológicos, talvez você, Mônica, seja compatível.

— Não posso, Pedro, estou grávida!

Pedro despediu-se rapidamente, surpreso com a notícia, e foi para o bar.

— Vendi o bar! — informou Waldemar contente assim que o viu.

Foi apresentado ao novo dono, que lhe ofereceu emprego, mas Pedro educadamente recusou. Waldemar lhe pagou e despediu-se dele. Iria embora assim que passasse a escritura.

— Seja feliz, Waldemar, não deixe a mágoa estragar sua felicidade.

Abraçaram-se, e Waldemar prometeu dar notícias.

Ansioso, Pedro esperou pela consulta. Gostaram do doutor Wanderley. Fizeram muitos exames e foi com muita ansiedade que esperaram dias pelos resultados.

— Você, Pedro, pode ser o doador! — informou o doutor Wanderley.

Ele chorou emocionado. Marcaram a cirurgia. Seria naquele hospital em que Pedro conhecia tantos médicos e enfermeiros e onde também era conhecido.

Como não ia mais ao bar, estava ficando muito em casa. Zé Carlos começou o curso e estava gostando muito. João teve de sair da casa e desocupar a oficina. Levou todos os móveis e máquinas e ainda foi indenizado. Luzia tinha algum dinheiro guardado e pagou-lhe. Alugaram a casa e o imóvel em que funcionava a oficina. Doutor Júlio ia fazer a separação deles.

Pedro recebeu um recado do gerente da fábrica em que trabalhou pedindo para que fosse lá. Curioso, foi na mesma tarde. Os amigos o cumprimentaram com alegria. Conversou muito e escutou-os. Depois foi à secretaria. O gerente, após os cumprimentos, pediu-lhe:

— Pedro, você não quer voltar a trabalhar conosco? Temos tido problemas com uma máquina que você operava com perfeição e nenhum outro produz como você.

— Querer até que quero! — respondeu Pedro, feliz pelo reconhecimento. — Mas vou fazer uma cirurgia, vou doar um dos meus rins à minha filha. Não poderei voltar logo.

— Volte quando estiver bem! Esperaremos! — afirmou o gerente.

— É que não poderei vir no período da manhã. Trabalho como voluntário em um hospital com crianças enfermas e não quero deixá-las. Amo-as!

— De que horário dispõe? — perguntou o gerente.

— A tarde e a noite — respondeu Pedro.

— Você poderia trabalhar das doze horas às dezenove horas. O que acha?

— Acertado! Logo que receber alta médica, estarei aqui para trabalhar! Obrigado!

Pedro estava contente, ainda mais porque estava interessado em Luzia. Achava-a bonita, educada, prendada, agradável e percebeu que ela também se interessava por ele.

— Pedro, vamos Zé Carlos e eu hoje à noite à casa de oração que frequentamos. Você não quer ir? — perguntou Luzia.

O céu pode esperar

Já havia sido convidado, mas dera desculpas dizendo que ficaria com a filha para não deixá-la sozinha. Aline já havia dito que não se importava em ficar em casa com Diego. Estava curioso para saber o que Luzia fazia lá e como era essa religião em que havia pessoas que falavam com os mortos.

— Você tem certeza de que ficará bem sozinha, minha filha? — perguntou Pedro.

— Claro que sim, papai. Vá com eles.

— Aceito o convite — decidiu Pedro.

Estavam na sala conversando e Aline perguntou a Luzia:

— Não entendo uma coisa: tio Jairo, irmão do meu pai, padrinho do Alê, é uma pessoa boníssima e muito católica. A senhora, dona Luzia, é, depois de papai, a pessoa mais caridosa que conheço e é umbandista. Meu pai não segue nenhuma religião, embora seja uma pessoa de muita generosidade. Como é que Deus faz para salvar essas pessoas boas e de religiões diferentes?

Luzia sorriu, pensou um pouquinho e respondeu:

— Meditando sobre uma passagem do Evangelho em que Jesus nos ensinou que quando o Pai separa as ovelhas dos cabritos o faz com perguntas sobre os atos praticados: "Fez o bem ou não fez?" Não indaga se pertenceu a alguma religião ou não. Religiões são meios de nos religarmos ao Criador. Seitas nos dão preceitos, mas é cada um que tem de seguir o "Fazei o bem sem olhar a quem". Existem muitas religiões e, se Deus não as quisesse, Ele mesmo faria de todas somente uma. Muitas pessoas acham que muitas coisas estão erradas e que têm de consertar o mundo. Pretensão! Será que Deus, que criou tudo, não sabe nos conduzir? São vários os caminhos que nos levam a Ele. São nossos atos que nos farão ser ovelhas ou cabritos. Infelizmente, existem em todas as religiões pessoas que abusam. Pedro pode não seguir uma religião, mas é religioso, ele ora e segue os ensinos de Jesus. Devemos seguir os preceitos religiosos que compreendemos, ir a lugares de orações a que nos adaptamos e dos quais gostamos. Fica mais fácil crer com compreensão.

— Por isso é que se diz que não se deve discutir religião — concluiu Aline.

— É isso mesmo — continuou esclarecendo Luzia. — Se uma pessoa acha que está bem na sua religião, que procure seguir seus ensinamentos e fazer o bem. Se não está, que procure saber os preceitos de outras e tentar se adaptar em alguma. O que não é certo é, em vez de fazer algo de bom na que diz pertencer, perder tempo em criticar a religião alheia. Existem pessoas cuja única resposta ao desencarnar, ao ser indagado sobre o que fez, será: "Vigiei o próximo, alertei para que não errasse, falei dos pontos equivocados de sua religião". E com certeza escutará talvez isto: "Mas, meu filho, o que fizeste pela sua? Quantas lágrimas enxugaste?". Poderá se desculpar justificando: "Evitei que eles errassem". E a resposta poderá ser esta: "Somente não evitou de você errar. Você criticou e não realizou".

Luzia se emocionou; ficaram em silêncio por alguns segundos.

— O que a senhora disse — concluiu Aline — me deu uma nova compreensão da vida. Tio Jairo, a senhora e meu pai fazem o bem e com certeza são ovelhas. Acho que aquele que critica poderia usar do seu tempo para fazer algo de bom. Todos os religiosos deveriam se respeitar e se unir para serem exemplos para os ateus, os materialistas e os antirreligiosos.

Pedro escutou com atenção, concordando.

O céu pode esperar

À noite, foi com o genro e Luzia à casa de Umbanda. O local era um salão simples, muito limpo e enfeitado com flores, um espaço vazio à frente e vários bancos.

— Fique aqui com Zé Carlos e faça o que ele fizer — recomendou Luzia.

Curioso, Pedro prestou atenção em tudo. Pessoas foram chegando e sentando-se nos bancos. Às vinte horas em ponto, um senhor que Zé Carlos disse chamar-se Euzébio foi à frente e deu uma palestra:

— Vamos estudar essa noite mais uma lição deste livro: *Caminho, verdade e vida*[1], lição 109, "Acharemos sempre": "Porque qualquer que pede, recebe; e quem busca, acha". Jesus (Lucas 11:10). O que a gente procura? Jesus disse: Procure e acharás! Repito a pergunta: O que procuramos? Se for o bem, receberemos o bem; se for o mal, recebê-lo-emos. Sim, meus amigos, devemos prestar atenção no que procuramos, pois é o que acharemos. Devemos saber o que procuramos. Naturalmente, recebemos sempre, mas necessitamos conhecer o objetivo de nossa solicitação.

"Quem procura o mal, com certeza, irá encontrar maldades. Porque nos afinamos com nosso semelhante.

Para encontrar o bem, é necessário buscá-lo todos os dias.

E pela predominância do mal em nosso planeta ainda é mais fácil encontrá-lo, mas o bem será encontrado como valor divino e eterno.

É, pois, indispensável muita vigilância na decisão de buscarmos algo, porque o Mestre afirmou: Quem busca, acha; e acharemos, sem dúvida, sempre o que procuramos."

---

[1] N.A.E.: Uma obra preciosa escrita pelo Espírito Emmanuel, com psicografia de Francisco Cândido Xavier, editada pela Federação Espírita Brasileira.

Pedro sentiu um frio na barriga.

"Achamos o que procuramos? Meu Deus! Eu procurei a morte, será que a acharei? Agora não quero mais morrer.

Fui egoísta, pensei somente em mim, esqueci-me de Aline. Quis morrer, e minha filha precisava de um pai. Fui imprudente. Não tinha de ir àquela rua frequentada por bandidos. Se alguém me matasse, seria um criminoso. Não deveria bancar o valentão enfrentando bandidos como Falcão e o patrão de Noêmia. Teria sido melhor eu não ter saído de casa para brigar com João. Que ele gritasse até cansar. Fui imprudente!"

Ficou triste, estava aborrecido consigo mesmo.

O senhor terminou a palestra. Algumas pessoas entraram na parte vaga à frente.

— São médiuns — informou Zé Carlos — que trabalham fazendo o bem, são intermediários dos desencarnados.

Cantaram lindas canções.

— Vamos tomar passe — convidou Zé Carlos —, vamos lá na frente e um dos médiuns colocará as mãos sobre o senhor e transmitirá energias benéficas.

Pedro fez tudo o que lhe foi recomendado. Procurou por Luzia e a achou no meio daquelas pessoas, dos médiuns. Aproximou-se de um homem, que lhe deu o passe.

— É a primeira vez que vem aqui? — perguntou o homem.

— É — respondeu ele.

— Tenho um recado para você. É de um menino. Ele diz: "João Pedro, preste atenção: o senhor me colocou o nome de Alexandre por causa do meu avô Chande e queria que eu limpasse esse nome. Viva, meu pai, aí encarnado, seja feliz. Eu o amo!"

O céu pode esperar

O homem terminou; como Pedro o olhava espantado, não saindo do lugar, ele disse:

— Pode ir! Volte para seu lugar!

Zé Carlos, que estava ao seu lado, puxou-o; sentaram-se novamente.

"Meu Deus!", pensou Pedro. "Como é possível isso? Ninguém sabia do porquê de somente eu chamar meu filho de Alexandre. Todos o chamavam de Alê. Impressionante!"

Lembrou que, quando disse isso ao filho, ele lhe respondeu: "Então, meu pai, quando eu quiser lhe dizer algo muito sério, vou chamá-lo de João Pedro". Até ele esquecia que se chamava João Pedro; lembrava-se somente quando ia assinar.

"Só pode ter sido Alexandre que me deu o recado! E é sério mesmo! Meu filhote não quer que eu vá encontrá-lo no céu. Me quer por aqui!", pensou e enxugou o suor que lhe escorria pelo rosto.

Quando todos receberam essa ajuda, o passe, algumas pessoas foram novamente à frente para receber conselhos e orientações.

Com o término dos trabalhos, foram para casa. Aline os esperava e perguntou curiosa:

— E aí, papai, o senhor gostou?

— Estou impressionado! O senhor que me deu passe me falou algo de que somente eu tinha conhecimento. Aline, você sabia que Alexandre se chamava assim porque era o nome de seu avô, meu pai? Todos chamavam meu filho de Alê, eu não. Tinha um motivo. E o médium falou: "Para limpar o nome". Meu pai era um farrista, bebia muito, sofremos bastante, minha mãe, meus irmãos e eu pelas suas bebedeiras. Jonas, meu irmão, falava sempre: "Gosto do nome de Alexandre, mas nunca vou colocá-lo num filho meu". Eu dizia: "Pois eu vou, como também vou chamá-lo sem diminutivo ou apelido, limpará o nome". Como Mônica gostava do nome, colocamos no seu irmão, e eu sempre o chamei de Alexandre. E o recado começou assim: "João Pedro!" Isso mesmo! Me chamou pelo meu nome completo!

Aline se espantou, mas Zé Carlos e Luzia não — estavam acostumados com fatos assim, apenas sorriram.

Quando Pedro foi dormir, orou e pediu:

— Deus, quero conversar com o Senhor! Agi errado, reconheço. Tive a pretensão de querer enganá-Lo. Procurei a morte e ainda bem que não a encontrei. E não quero encontrá-la mais! Nem que ela me ache! Estou interessado na Luzia, estou contente por ter minha filha, genro e neto aqui comigo. Vou doar um dos meus rins a Aline. Mas não quero morrer! Não faço isso procurando a morte, mas sim vida para ela. É tão nova! Mas, se o senhor quiser levar um de nós, que seja eu. Ela tem Diego, tão pequenino, necessitado de mãe. O senhor, que sabe e conhece nossas intenções, sabe que estou sendo sincero. Não quero morrer, mas sim salvar minha filhinha. Deixe-a aqui por mais tempo. Por favor!

Josias e Alexandre escutaram a prece.

— *Tomara que Deus o atenda!* — exclamou Alexandre.

— *Ainda bem que Pedro não pensa mais em morrer. Alexandre, tranquilize-se, está previsto para essa cirurgia dar certo. Vamos embora!* — convidou Josias.

Josias levou Alexandre ao educandário e voltou para perto de seu pupilo.

Quando Pedro aceitou o convite para ir à casa de Umbanda, Josias buscou Alexandre para irem juntos e assim poder transmitir algo para o pai. Aproveitou para levá-lo para ver a mãe e a irmã. Alexandre gostou muito da reunião fraterna.

— *Puxa, como esse intercâmbio é maravilhoso! Foi uma bênção poder dar o recado ao meu pai.*

Josias pediu para seus companheiros de trabalho da Umbanda para que quem fosse dar passe em Pedro desse, pelo médium passista, um recado a ele. Ficaram, Josias e Alexandre, com a equipe de trabalhadores desencarnados. Quando Pedro se aproximou de um médium, os dois também o fizeram. Alexandre passou a mensagem ao mentor do passista, que, fielmente, repetiu-a, deixando o garoto maravilhado.

Faltavam três dias para a cirurgia e Pedro pensava:

"Queria ir tanto para o céu, agora quero adiar essa partida. E não vou falar nada do meu interesse a Luzia. Se eu desencarnar, ela não ficará sabendo. E, se continuar encarnado, irei lhe dizer. Acho que ela também está interessada em mim, mas posso estar confundindo, talvez ela esteja sendo gentil. Luzia é formada, tem curso universitário e eu tenho pouco estudo. Será que isso é empecilho? Está resolvido: se não morrer, declaro a ela meu amor."

Aline e Pedro se internariam no hospital na véspera da operação. Luzia ficaria com Diego. Aline beijou o filho e foi chorando.

— É triste separar-me dele!

— É por pouco tempo, filha. Você voltará sadia e terão muito tempo para ficarem juntos! — Pedro a consolou.

Pela manhã, Pedro tomou um remédio e somente acordou com a enfermeira lhe indagando:

— Pedro, o senhor está bem?

Olhou, observou o lugar, estava numa sala na maca.

— Estou vivo? — perguntou Pedro.

— Está vivo e bem, sua filha também. Foi um sucesso a cirurgia! — informou a enfermeira.

Pedro sorriu e exclamou:

— Ainda bem que ela não me achou!

— Como disse?

— Nada, meu bem. Estou feliz por estar vivo e minha filha também.

14

O céu pode esperar

O período de recuperação transcorreu tranquilo. De fato, a cirurgia foi um sucesso. No horário de visita, Zé Carlos ia vê-lo rápido para ficar mais com Aline. Na tarde do terceiro dia, Luzia foi visitá-lo.

— Mônica ficou com Diego — esclareceu. — Vim vê-lo!

Luzia ficou em pé ao lado da cama. Olharam-se. Pedro pegou na mão dela, como ela não retirou, apertou-a.

"Devo falar agora!", pensou ele.

— Luzia, já que não morri, Deus me deixou por aqui, posso dizer agora algo que há tempo queria lhe falar.

Parou, não teve mais coragem. Ficou quieto olhando para os lençóis.

— Fale, Pedro! — pediu Luzia.

"Devo falar! Se a resposta for sim, maravilha, se for não, é complicação. Como moraremos na mesma casa, se ela me disser não? Mas ela está segurando minha mão. Vou falar!"

— Luzia, gosto de você e a quero para mim — falou rápido.

— Oh, Pedro!

Luzia o acariciou, passou a mão pelo rosto dele com ternura.

"Será que esse 'oh!' é sim? Ou será 'não'?", pensou ele encabulado.

Olharam-se.

"Ela não responde! O que faço agora? Não posso ficar nessa agonia!"

— Luzia, você não diz nada além desse "oh!"?

— Você está me pedindo em namoro? Aceito!

— Bem — suspirou ele aliviado —, espero que não seja um namoro longo. Pediria em casamento se pudéssemos casar. Quero viver com você como marido.

— Aceito, Pedro! Sabe, acho que casamento é a união entre duas pessoas. União de amor, respeito, compreensão e carinho, independente de papéis.

— Estou muito feliz, Luzia!

A visita, essa conversa fizeram um bem enorme a ele. Alegria, felicidade é um precioso aliado de qualquer tratamento. Terminado o horário de visita, Luzia foi embora, despedindo-se dele com um beijo no rosto.

As crianças do hospital, as que estavam melhor, também foram vê-lo. Depois de um "boa tarde" em coro, rodearam sua cama e, após contarem "um, dois, três", cantaram juntas:

O céu pode esperar

— Pedrão está costurado, parece um colchão remendado!
Riram.
— Moleques! Quando estiver bem, vou pegá-los e lhes fazer "cosquinhas"! Vou lhes dizer uma coisa: Garotada, amo vocês! Amo muito! Três dias sem vê-los e estava com uma saudade gigante!

Ganhou abraços e beijos estalados. Pedro amava realmente aquelas crianças e elas retribuíam. O quarto inundou-se de luz radiante. O amor irradia paz, harmonia que equilibra. Que mundo maravilhoso seria o nosso se o amor pudesse ser despertado no nosso íntimo!

Ele recebeu alta primeiro que Aline. Antes de ir para casa, foi ver a filha, que estava em outra parte do hospital.

— Papai, que bom vê-lo! Preocupei-me com o senhor.
— Estou melhor, filha, e feliz. Você está com bom aspecto.
— Sinto-me bem. O rim está funcionando, e graças ao senhor.
— A Deus, minha filha. Tudo é por Ele!

Zé Carlos foi buscá-lo. Em casa, recebeu visitas dos vizinhos, dos amigos da fábrica e da turma de preto, como eram conhecidos os motoqueiros.

Três dias depois, Aline foi para casa, estava fraca, mas muito feliz. Zé Carlos e Luzia desdobraram-se em atenção para com os dois. Diego, que sentiu falta da mãe, queria ficar somente com ela. Estavam todos contentes. Mônica, que fora ver a filha no hospital todos os dias, foi visitá-la em casa. Conversou com Pedro.

— Pedro, já que não morreu, acho que temos de resolver nossa situação.

"Já que não morreu!", pensou Pedro segurando-se para não rir. "Devo ter deixado transparecer minha intenção, pois Mônica, que viveu tantos anos comigo, percebeu. Talvez ela também esperasse que eu morresse. Se ficasse viúva, ficaria mais fácil casar de novo."

— Não morri!

— Não quis ofendê-lo! — balbuciou Mônica encabulada. — Foi uma expressão infeliz, desculpe-me. Estou contente por vê-lo bem. Você salvou Aline! Sem esse transplante, nossa filhinha iria sofrer muito. Queria pedir para nos separarmos no papel.

— Tudo bem, Mônica, eu a compreendo. Não quero complicações. O que você decidir está bem para mim. Quero o melhor para você!

— Pedro, temos duas casas. Sei das dívidas que fez para dar o melhor para nosso Alê. Arnaldo está bem financeiramente e estamos nos dando muito bem. Nosso filho vai nascer logo. Contratei um advogado para fazer nossa separação. Não quero nada, acho que não tenho direito. Você quem comprou as casas com dinheiro do seu trabalho.

— Mas você me ajudou, Mônica. Trabalhava em casa, cuidou das crianças.

— É verdade. Mas quero que fique assim: esta casa será de Aline, e a pequena, sua. Aceita? — perguntou Mônica.

— E você não fica com nada? — indagou Pedro admirado.

— É assim que Arnaldo e eu queremos.

— Não acho justo, mas, como já disse, não quero complicações. Faça como quiser, Mônica. Aceito!

Combinaram detalhes.

Em casa, tudo era mais fácil, recuperaram-se bem com os cuidados e carinho de Luzia e Zé Carlos.

Quarta-feira, dia em que faziam Evangelho no Lar, após a última visita, sentaram-se no sofá da sala.

— Antes de fazermos o Evangelho — disse Zé Carlos —, queria falar dos nossos planos, os de Aline e os meus. Vou acabar esse curso, fazer outro e quero arrumar emprego numa fábrica. Mamãe e eu decidimos deixar alugadas nossa casa e a oficina. Vamos continuar morando aqui.

— Eu vou voltar a estudar — disse Aline alegre. — Quero ser professora. Gostamos de morar aqui. Podemos ficar, não é, papai?

— Claro! — exclamou Pedro. — Estou feliz com vocês aqui. Luzia e eu também temos algo a comunicar. É uma surpresa!

— Vão ficar juntos! — exclamaram Zé Carlos e Aline contentes.

— Como vocês souberam? — perguntou Luzia.

— Acho que não conseguiram esconder. Vocês se olhavam com tanto carinho. Ficamos felizes! É uma ótima surpresa! — comentou Aline.

— Vamos então agora fazer nosso Evangelho! Faremos hoje de modo especial, para agradecer a recuperação de vocês — disse Luzia.

Luzia fez a leitura e, depois, uma oração de agradecimento. Comoveu-se tanto que lágrimas escorreram pelo seu rosto. Zé Carlos também fez uma oração.

— Muito obrigado, meu Deus! — expressou Pedro.

Aline pegou *O Evangelho segundo o Espiritismo*, abriu onde havia marcado, no Capítulo 28 — Coletâneas de Preces Espíritas, no item 28, "Ação de graças por um favor obtido", e leu emocionada com lágrimas nos olhos:

— "Não devemos considerar como acontecimentos felizes apenas as coisas de grande importância. As mais pequenas na aparência são, muitas vezes, as que mais influem sobre nosso destino..."

Todos estavam comovidos. Quando acabou de ler, Aline fechou o livro e Pedro falou:

— Quero lhes dizer uma coisa. Quando Alexandre desencarnou, Mônica e Aline saíram de casa, eu quis morrer. Não queria me suicidar, então procurei a morte, envolvi-me em algumas situações perigosas com a intenção de morrer.

— Papai! — exclamou Aline indignada. — Que horror! Não pensou em mim? Em como eu iria sofrer com o seu desencarne? Se o senhor tivesse morrido não me teria doado um de seus rins e eu viveria doente! Será que, na espiritualidade, sabendo disso, seria feliz? O senhor não está mais pensando nisso, não é?

— Claro que não, Aline. Depois que vieram para cá e conheci melhor Luzia, mudei de opinião. O céu pode me esperar!

Riram.

Josias e Alexandre, que tinham vindo para participar do Evangelho, suspiraram aliviados.

— *Posso agora estudar sossegado. Não precisarei me preocupar com papai.*

— *Eu* — afirmou Josias — *virei sempre visitá-los, ajudar no que me for possível e volto tranquilo às minhas atividades com a equipe de trabalhadores umbandistas. Pedro não me dará mais preocupações.*

Os dois, Josias e Alexandre, agora tranquilos, saíram daquele lar deixando seus moradores felizes.

O céu pode esperar

✷

Passou-se algum tempo. Zé Carlos trabalhava numa fábrica, tinha um bom emprego. Aline tinha se formado em Pedagogia e lecionava, exercendo a profissão de professora com muita dedicação. Diego crescia forte e muito inteligente. Pedro trabalhava à tarde na fábrica; pela manhã ia todos os dias ao hospital. Luzia o acompanhava, ele brincava com as crianças e ela visitava os adultos. E foi por esse trabalho voluntário que conheceram um casal portador da Aids em que nas suas internações deixavam os dois filhos com eles. Quando esse casal desencarnou, Zé Carlos e Aline adotaram as crianças, Marcelo, de quatro anos, e Beatriz com dois anos, dando assim irmãozinhos para Diego. Frequentadores da Umbanda, todos colaboravam nos trabalhos de auxílio ao próximo. Embora com problemas comuns de encarnados, foram e são felizes.

Ao terminar a leitura deste livro, talvez você tenha ficado com algumas dúvidas e perguntas a fazer, o que é um bom sinal. Sinal de que está em busca de explicações para a vida. Todas as respostas de que você precisa estão nas Obras Básicas de Allan Kardec.

Se você gostou deste livro, o que acha de fazer que outras pessoas venham a conhecê-lo também? Poderia comentá-lo com aquelas do seu relacionamento, dar de presente a alguém que talvez esteja precisando, ou até mesmo emprestar àquele que não tem condições de comprá-lo. O importante é a divulgação da boa leitura, principalmente a da literatura espírita. Entre nessa corrente!

O ROCHEDO DOS AMANTES

Romance | 15,5 x 22,5 cm
160 páginas

Psicografia de
VERA LÚCIA MARINZECK DE CARVALHO

Do espírito ANTÔNIO CARLOS

boanova@boanova.net
www.boanova.net | 17 3531.4444

CONFORTO PARA A ALMA

Psicografia de
VERA LÚCIA MARINZECK DE CARVALHO
De ANTÔNIO CARLOS e ESPÍRITOS DIVERSOS

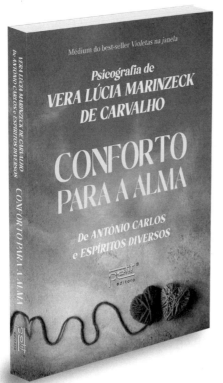

Romance | 15,5 x 22,5 cm
288 páginas

"Todos nós passamos por períodos difíceis, alguns realmente sofridos. O que ocorreu? Como superar essa situação? Normalmente há o conforto. Neste livro, são relatadas diversas situações em que alguém, sofrendo, procura ajuda e são confortados. São relatos interessantes, e talvez você, ao lê-lo, se identifique com algum deles. Se não, o importante é saber que o conforto existe, que é somente procurar, pedir, para recebê-lo. E basta nos fazermos receptivos para sermos sempre reconfortados, isto ocorre pela Misericórdia do Pai Maior. Que livro consolador! Sua leitura nos leva a nos envolver com histórias que emocionam e surpreendem. E como são esclarecedoras as explicações de Antônio Carlos!"

boanova@boanova.net
www.boanova.net | 17 3531.4444

Levamos o livro espírita cada vez mais longe!

 Av. Porto Ferreira, 1031 | Parque Iracema
CEP 15809-020 | Catanduva-SP

 www.**petit**.com.br
www.**boanova**.net

 petit@petit.com.br
boanova@boanova.net

 17 3531.4444

 17 99777.7413

Siga-nos em nossas redes sociais.

@boanovaed

boanovaeditora

CURTA, COMENTE, COMPARTILHE E SALVE.
utilize #boanovaeditora

Acesse nossa loja   Fale pelo whatsapp